D1439856

L'ÉTOILE ENFANT

Nicola Ciccone

L'ÉTOILE ENFANT

Libre Expression
Une société de Québecor Média

Catalogage avant publication de Bibliothèque et Archives nationales du Québec
et Bibliothèque et Archives Canada

Ciccone, Nicola
L'étoile enfant
ISBN 978-2-7648-0822-1

I. Titre.

PS8605.I22E86 2013   C843'.6   C2012-942688-1
PS9605.I22E86 2013

Édition : Johanne Guay
Révision linguistique : Céline Bouchard
Correction d'épreuves : Marie Pigeon Labrecque
Illustrations : Nicola Ciccone
Couverture et mise en pages : Marike Paradis
Photo de l'auteur : Julien Faugère

Cet ouvrage est une œuvre de fiction ; toute ressemblance avec des personnes ou des faits réels n'est que pure coïncidence.

Remerciements
Nous reconnaissons l'aide financière du gouvernement du Canada par l'entremise du Fonds du livre du Canada pour nos activités d'édition.
Nous remercions le Conseil des Arts du Canada et la Société de développement des entreprises culturelles du Québec (SODEC) du soutien accordé à notre programme de publication.
Gouvernement du Québec – Programme de crédit d'impôt pour l'édition de livres – gestion SODEC.

Les Éditions Libre Expression
Groupe Librex inc.
Une société de Québecor Média
La Tourelle
1055, boul. René-Lévesque Est
Bureau 800
Montréal (Québec) H2L 4S5
Tél. : 514 849-5259
Téléc. : 514 849-1388
www.edlibreexpression.com

Dépôt légal – Bibliothèque et Archives nationales du Québec et Bibliothèque et Archives Canada, 2013

ISBN : 978-2-7648-0822-1

Distribution au Canada
Messageries ADP
2315, rue de la Province
Longueuil (Québec) J4G 1G4
Tél. : 450 640-1234
Sans frais : 1 800 771-3022
www.messageries-adp.com

Diffusion hors Canada
Interforum
Immeuble Paryseine
3, allée de la Seine
F-94854 Ivry-sur-Seine Cedex
Tél. : 33 (0) 1 49 59 10 10
www.interforum.fr

*Ce livre est dédié aux personnes de 7 à 107 ans
qui osent chaque jour dessiner leur vie
malgré les obstacles.*

Faire la guerre à la mort, faire l'amour à la vie

Les mots qu'on a peur d'entendre
Les mots qui tuent, les mots qui blessent
Les mots qu'on pleure en silence
Les mots qui laissent dans la détresse
Un diagnostic de cancer
Et du coup, notre vie s'effondre
La douleur est si amère
Qu'on n'arrive plus à se défendre.

Je vais faire la guerre à la mort
Je vais faire l'amour à la vie
Je vais lutter de toutes mes forces
Pour que tu gagnes ton pari
Je vais faire la guerre à la mort
Je vais faire l'amour à la vie
Et je vais veiller sur ton cœur
Jour et nuit.

Les mots qu'on a peur d'entendre
Les mots qui brisent et qui renversent
Les mots qui inspirent la souffrance
Ne sont que des mots, non pas des lèses
Ta vie, c'est toi qui l'inventes
Toi qui la vis, toi qui la penses
Ta vie, c'est toi qui la crées
Toi qui l'écris, toi qui la chantes.

Je vais faire la guerre à la mort
Je vais faire l'amour à la vie
Je vais lutter de toutes mes forces
Pour que tu gagnes ton pari
Je vais faire la guerre à la mort
Je vais faire l'amour à la vie
Et je vais veiller sur ton cœur
Jour et nuit.

Les mots qu'on a peur d'entendre
Les mots qui tuent, les mots qui blessent
Les mots qu'on pleure en silence
Les mots qui laissent dans la détresse
Un diagnostic de cancer
Et du coup, notre vie s'effondre
La douleur est si amère
Qu'on n'arrive plus à se défendre.

Je vais faire la guerre à la mort
Je vais faire l'amour à la vie
Je vais lutter de toutes mes forces
Pour que tu gagnes ton pari
Je vais faire la guerre à la mort
Je vais faire l'amour à la vie
Et je vais veiller sur ton cœur
Jour et nuit.

À des années-lumière

À des centaines d'années-lumière de la Terre, dans la constellation d'Orion, vivait une étoile qui se prénommait Bellatrix, la géante bleue. Entourée de nombreuses étoiles, dont ses six sœurs – Bételgeuse, Rigel, Saïph, Mintaka, Alnilam et Alnitak –, Bellatrix passait la plupart de ses journées à contempler la Terre et à se demander à quel point la vie y était différente.

Bellatrix aimait être une étoile, mais les journées dans l'espace étaient interminables. Bien que la forte luminosité de ses superbes flammes bleues et sa grande magnitude lui permît d'être vénérée par les autres étoiles, elle s'ennuyait et en avait assez de toujours tourner autour d'elle-même. Elle voulait voyager à travers l'Univers, découvrir les autres constellations, de la Petite Ourse à la Grande Ourse, apercevoir l'étoile Polaire, traverser toutes les galaxies, depuis Andromède jusqu'à la Voie lactée, observer de plus près le Soleil, et surtout connaître la Terre.

Dans l'univers stellaire, tout est magnifié par rapport à la Terre. Les distances, les dimensions, la vitesse, la luminosité, la force d'attraction, la chaleur, les champs magnétiques... Tout, sauf les sentiments. Dans l'univers stellaire, les sentiments sont minuscules et se ressentent sans urgence. La vie des étoiles se chiffrant en millions d'années, la notion du temps n'y existe presque pas. Bien sûr, les étoiles partagent une amitié afin de former des constellations et de cohabiter dans l'espace. Mais les émotions se vivent sans grande intensité.

Or, Bellatrix voulait connaître l'urgence des sentiments. Leur puissance à l'état pur, leur vertige, leur pleine grandeur. Mais, plus que tout, elle voulait connaître le plus grand des sentiments, l'amour. Pour cela, elle devait aller sur la Terre.

Mais comment faire ? Bellatrix était une géante bleue, une étoile cent fois plus grande que le Soleil et des milliers de fois plus grande que la Terre ! Elle était une des plus grandes étoiles de l'espace. Si elle s'approchait de la Terre, ses immenses flammes et sa considérable force d'attraction détruiraient d'un seul souffle tout le système solaire.

Petite, elle avait entendu sa sœur Bételgeuse raconter à ses autres sœurs qu'il était possible pour une étoile de voyager jusqu'à la Terre. Il fallait que l'étoile accepte, l'instant de quelques années, de se transformer en enfant. Tout d'abord, elle devrait se changer en étoile filante et parcourir le ciel jusqu'à ce qu'un Terrien l'aperçoive, par une nuit sans nuages. Puis le Terrien devrait faire le vœu d'avoir un enfant. L'étoile pourrait alors naître sur terre, dans le corps d'un enfant. Toutefois, au bout d'une douzaine d'années, l'étoile retrouverait sa place dans le firmament. Pour une étoile habituée à compter le temps en années-lumière, une telle aventure ne durerait que quelques jours. Ainsi, pensa Bellatrix, personne ne s'apercevrait qu'une étoile avait disparu du ciel. On blâmerait les nuages ou la pluie pour expliquer sa courte absence.

Bellatrix interpella ses sœurs.

— Qu'y a-t-il, Bellatrix ? lui demanda Bételgeuse.

— Mes sœurs, j'ai réfléchi longuement et j'ai décidé d'aller voir la Terre, répondit-elle.

— Mais ne la vois-tu pas déjà ? soupira Bételgeuse.

— On la voit très bien d'ici, la Terre, ricanèrent Rigel, Saïph, Mintaka, Alnilam et Alnitak.

— Je veux la voir de plus près, je veux y vivre, précisa Bellatrix.

— Mais qu'est-ce que tu lui trouves, à la Terre ? Elle est minuscule, cette planète, s'esclaffèrent de nouveau Rigel, Saïph, Mintaka, Alnilam et Alnitak.

— La Terre, devant l'Univers, est aussi petite qu'un grain de sable devant la mer. Mais sur terre, les sentiments sont mille fois plus grands que dans l'univers stellaire. Ici, une étoile peut vivre pendant des millions d'années sans trouver de véritable sens à son existence. C'est si interminable qu'on ignore la valeur du temps. On peut sans cesse repousser un projet au lendemain puisqu'on vit presque éternellement. Ici, tout est discipline et routine. Chaque étoile se doit de toujours maintenir sa trajectoire. Elle ne peut s'arrêter ni même se retourner. Elle doit continuellement briller, nuit et jour. Elle n'a pas le droit de fermer l'œil une seule minute pour se reposer. Et tout cela sans jamais connaître l'amour. L'amour se trouve sur terre. Je veux connaître cette force, ajouta Bellatrix.

— L'amour se trouve effectivement sur terre. Et si tu y vas, tu le trouveras. Mais tu découvriras aussi la tristesse, la douleur et tous les autres sentiments humains. Un peu comme une étoile bleue, l'amour ne contrôle pas sa puissance, et lorsqu'on s'en approche de trop près, il peut nous détruire, répliqua Bételgeuse.

Étoile filante 1

*

Rien
ni personne
ne peut empêcher
un rêve
de se réaliser
lorsqu'il est pur
et qu'on le
veut vraiment.

*

— Ce que tu dis est vrai, ma sœur. Mais dans la vie, rien n'est éternel. Même les étoiles, au bout de millions d'années, finissent par s'éteindre et mourir. L'amour est le seul sens de la vie, et sans amour la vie est vaine, si longue soit-elle, dit Bellatrix.

Les six sœurs acquiescèrent par un doux silence.

— Bételgeuse, Rigel, Saïph, Mintaka, Alnilam et Alnitak, vous êtes mes sœurs depuis toujours. J'ai gardé ma place auprès de vous pendant des millions d'années. Ensemble, nous brillons et formons l'une des plus vieilles constellations de l'Univers. Mais je veux voir la Terre. Accordez-moi cette chance, continua Bellatrix.

— Le regard usé des humains ne voit plus la richesse de la Terre. Mais toi, Bellatrix, ton regard est neuf. Cela t'amènera à voir cette richesse et peut-être même à la rappeler aux Terriens.

— Soit ! Rien ni personne ne peut empêcher un rêve de se réaliser lorsqu'il est pur et qu'on le veut vraiment. Va sur la Terre, Bellatrix, et nous brillerons pour toi, répondirent les six sœurs.

Aussitôt, Bellatrix se changea en étoile filante.

Une étoile filante

Depuis cinq ans déjà, Marie essayait d'avoir un enfant. À trente-cinq ans, elle avait tout réussi. Une carrière professionnelle qui faisait l'envie de ses amies et lui procurait beaucoup de reconnaissance. Sa vie amoureuse qui, grâce à son compagnon, Philippe, la comblait. Elle avait aussi un superbe appartement aux abords du centre-ville ainsi que la maison de campagne dont elle avait tant rêvé depuis qu'elle était toute petite. Il ne lui manquait qu'une chose. Le plus important. Un enfant.

La pression de son horloge biologique se faisait de plus en plus sentir. Pour Marie, ne pas enfanter bientôt serait une catastrophe, et sa vie serait à jamais incomplète. Philippe essayait de faire la part des choses en lui disant de ne pas s'inquiéter. Que si ça ne marchait pas, ce ne serait pas la fin du monde. Mais pour Marie, ça l'était. Elle avait si longtemps rêvé d'avoir un enfant, de le tenir dans ses bras, de veiller sur lui et surtout de l'aimer. Comme elle allait l'aimer!

Philippe avait accepté de l'accompagner dans toutes les cliniques de fertilité de la ville, mais cinq années et de nombreuses tentatives plus tard, toujours rien. Il leur fallait se rendre à l'évidence: Marie était infertile. Un autre médecin venait tout juste de le lui confirmer.

Une fois rentrés à la maison, alors que Marie pleurait son immense tristesse, Philippe tenta de la consoler, en vain. Puis, à la tombée du jour, il prépara le repas pour lui faire plaisir, mais elle refusa de manger. Elle préféra s'asseoir sur le balcon de l'appartement du troisième étage où ils habitaient. Elle se mit à contempler le ciel et à chercher le sens qu'aurait désormais sa vie.

— Pourquoi la vie est-elle si imparfaite ? soupira Marie pour elle-même.

Un vent chaud se leva et commença à repousser les nuages. Il lui caressa la nuque.

— J'ai tout ce qu'une personne peut désirer en ce bas monde et pourtant j'ai l'impression que, sans toi, je n'ai rien, continua-t-elle en s'adressant au vide.

Au loin, la noirceur apparut pour éteindre le jour.

— Toutes ces choses matérielles, si belles soient-elles, ne peuvent pas combler complètement mon cœur de femme. On meuble si souvent notre vie extérieure pour pallier le manque que l'on ressent à l'intérieur. Que dois-je donc faire pour combler ce vide en moi ? murmura-t-elle en levant le regard vers le ciel.

Alors, entre la Grande Ourse et la Petite Ourse, Marie aperçut une étoile filante. Se rappelant que, lorsqu'elle était petite, sa mère lui avait dit de toujours faire un vœu à la vue d'une étoile filante, elle sourit. Étrangement, cette étoile lui semblait différente de celles qu'elle avait vues au cours de son enfance. Marie pouvait clairement discerner la couleur de l'étoile – elle était bleue. Elle sentit aussitôt un souffle étrange envahir tout son être, un sentiment si fort qu'elle en eut la chair de poule. Comme un mystère caché en elle et qui cherchait soudain à vivre et à grandir. Ce sentiment était l'espoir. L'espoir de déjouer le destin malgré tout. L'espoir de toucher à son rêve même si les médecins lui avaient dit que c'était impossible.

Et si la vie, au hasard d'une étoile filante, pouvait changer sa trajectoire ? Et si le désespoir pouvait être anéanti par un simple élan de lumière ? Sans trop savoir pourquoi, Marie fit donc un vœu. Puis elle se sentit ridicule. Elle avait trente-cinq ans, elle était une adulte, donc beaucoup trop vieille pour croire aux étoiles filantes. Elle alla se coucher en espérant que tout irait mieux le lendemain.

* * *

Neuf mois plus tard, le ventre aussi gonflé qu'un ballon, Marie entrait d'urgence à l'hôpital. Dans le ciel de novembre, tous s'étaient rassemblés : la Lune, aussi ronde que le ventre de Marie, brillait de toute sa plénitude ; l'étoile Polaire souriait en se remémorant une autre grande naissance à laquelle elle avait assisté ; et même le Soleil, qui aurait pourtant dû être couché depuis longtemps, refusait de disparaître, colorant les nuages du rouge le plus vif qui soit.

La frénésie était palpable dans le regard de tout le monde, surtout dans celui de Philippe et de Marie. Le docteur Lapalme les attendait à l'entrée de l'hôpital. Envers et contre tout, Marie allait enfin avoir un enfant, elle qui était infertile, et bien que personne ne s'expliquât comment, tous s'en réjouissaient.

Immédiatement, on l'avait conduite dans la chambre C33, où le médecin et deux infirmières s'affairaient. Philippe lui tenait la main, cachant mal sa nervosité. Par la fenêtre de la chambre, la nuit continuait à briller de mille feux. D'ordinaire, on ne voit pas beaucoup les étoiles lorsqu'on est à la ville, en raison des nombreuses lumières de la cité. Mais ce soir-là, des milliers d'étoiles brillaient dans le ciel. Elles étaient venues assister à l'accouchement.

On fit allonger Marie sur un lit. Sa grossesse avait été quelque peu compliquée. Marie avait souvent ressenti des chaleurs dans son corps, comme si un feu dansait au creux de son ventre. L'une des infirmières lui déposa une serviette d'eau froide sur le front et lui caressa la joue. Philippe, de plus en plus nerveux, était au bord de l'évanouissement.

— Poussez, Marie, poussez, l'encouragea le docteur à plusieurs reprises.

— La douleur est trop intense, soupira Marie.

— Courage, tu es sur le point de réaliser ton rêve, dit Philippe en la regardant tendrement.

— Je crois que je n'y arriverai pas.

— Mais si, tu vas y arriver.

— Philippe, je crois que je vais m'évanouir.

— Tiens bon, mon amour.

— Tout cela est trop beau pour moi. Je crois que je ne mérite pas tant de bonheur, gémit Marie, le souffle coupé par la douleur.

À la fin d'un long parcours pour toucher à un rêve, on ressent toujours un certain découragement. On pense qu'on n'y arrivera pas ou qu'on ne mérite pas ce qui nous arrive. C'est là qu'il faut être vigilant et redoubler d'ardeur, car cela veut dire que notre rêve est tout près. Marie se ressaisit et, au bout de quelques essais, le docteur s'écria :

— Ça y est!

Doucement, il tira du ventre de Marie un tout petit bébé. Chaque fois qu'il mettait un enfant au monde, le docteur Lapalme pensait assister à un miracle : un être à peine plus gros qu'une main capable de respirer, une tête chaude et ronde apte à penser, deux paupières couvrant des yeux capables de capter la lumière du monde, une bouche minuscule prête à pleurer de joie et à crier qu'elle est bien en vie, dix petits doigts et dix orteils. Heureux, il s'exclama :

— C'est une fille!

Au moment où il souleva l'enfant pour la montrer à sa mère, la luminosité dans la chambre augmenta mystérieusement. Il était difficile de savoir si c'était l'enfant qui brillait ou si c'étaient les étoiles qui souriaient en la voyant. Le médecin déposa le bébé dans les bras de sa mère et, la regardant avec bienveillance, il lui dit :

— Félicitations, Marie, pour votre petite fille, votre étoile.

L'enfant dans ses bras, Marie oublia aussitôt la douleur de l'accouchement. Une boule de feu se forma au creux de sa poitrine. Des larmes de joie inondèrent ses yeux. L'émotion était si forte qu'elle n'arrivait pas à parler. Tout ce qu'elle réussit à faire, ce fut de caresser le front de sa fillette. D'autres larmes se mirent à couler pendant que Marie, émerveillée, contemplait son trésor. Ce n'était plus un rêve, c'était la réalité. Marie tenait son enfant. Et à travers cet enfant, Marie tenait le monde.

C'était le plus beau bébé de la pouponnière. Ses grands yeux bleus faisaient l'envie des autres parents. Marie s'expliquait d'ailleurs mal le fait que sa fille eût les yeux bleus, car ni elle ni son mari ne les avaient de cette couleur. Elle se disait que

Aquila 2

*

À la fin d'un long
parcours pour
toucher à un
rêve, on ressent
toujours un certain
découragement.

C'est là qu'il faut
être vigilant et
redoubler d'ardeur,
car cela veut dire
que notre rêve est
tout près.

*

l'enfant devait les tenir d'un parent lointain. Marie appela son enfant Bella – «belle», en italien.

Peu de temps après sa sortie de l'hôpital, Bella commença à voir. Elle semblait fascinée par tout ce qui bougeait autour d'elle. Son regard était constamment en mouvement. Sa mère, à la blague, disait qu'elle était déjà capable de déchiffrer les secrets du monde.

Bellatrix apprenait rapidement à connaître la Terre, ce monde si éloigné du sien. Le temps passait beaucoup plus vite pour elle que pour un être humain normal, puisqu'elle était habituée aux années-lumière. Une année terrestre était aussi courte qu'une seule journée stellaire. Il lui fallait donc faire vite. Profiter de chaque expérience. De chaque moment. Tout voir. Tout apprendre. Et surtout, connaître l'amour.

L'AMOUR

Au cours de sa première année, Bellatrix fit la connaissance de deux Terriens qui veillaient sur elle jour et nuit, Marie et Philippe. Ils étaient très gentils, la berçaient souvent et lui racontaient des histoires. Parfois, ils lui parlaient dans une drôle de langue qui n'était ni terrestre ni stellaire. Ils émettaient des sons comme « gougougou », « gagaga » en grimaçant bêtement. Au début, elle trouvait cela amusant. Elle croyait que c'était un dialecte propre à eux. Mais non, ce langage était commun à tous les parents. Ce devait être une sorte de maladie qu'ils attrapaient à la venue d'un enfant, se dit Bellatrix.

Au bout de quelque temps, elle se lassa de répéter les mêmes choses. Elle se mit donc à prononcer de nouveaux mots. Les deux Terriens en étaient ébahis. Au fond d'elle-même, Bellatrix connaissait beaucoup de mots, mais elle ne voulait pas effrayer ses parents.

Puis un jour, en regardant sa mère droit dans les yeux, Bella dit tout doucement : « Maman. » Le visage de Marie s'illumina d'un immense sourire. Tendrement, elle souleva la petite Bella de son berceau, la serra très fort dans ses bras et lui murmura au creux de l'oreille : « Je t'aime. »

Bellatrix comprit ce qui lui arrivait. Elle était face à face avec l'amour. Pendant un moment, son cœur se mit à battre si fort qu'elle crut qu'il allait éclater. Son souffle semblait s'approfondir, sa peau frissonnait, son regard se précisait et sa bouche se crispait. L'Univers statique et indolent tel qu'elle le connaissait n'était plus. La vie semblait revêtir une urgence et une intensité nouvelles. Le parfum de sa mère, le toucher de sa joue, la beauté de son sourire, la douceur de sa voix... Tel un astronome qui scrute un ciel étoilé grâce à son télescope, Bellatrix réussissait à sonder son cœur comme elle n'avait pas encore pu le faire. Tout lui semblait différent. Même le temps avait changé. Ce temps, qui d'ordinaire lui paraissait immobile dans l'espace, s'était mis à courir à toute vitesse. Les années-lumière, les jours, les heures, les minutes, les secondes, tout s'était accéléré. Bellatrix découvrait enfin l'amour. Elle avait vécu des millénaires dans la constellation d'Orion avec ses sœurs les étoiles, elle avait vu des pluies de météores, des explosions stellaires, des supernovas, mais elle n'avait jamais rien connu d'aussi fort et d'aussi beau que l'amour.

Bella se mit à parler de plus en plus, simplement dans l'espoir de revoir l'amour. Elle commença par dire « Bonjour » et « Bonsoir », puis des phrases complètes. Elle s'aperçut que les deux Terriens connaissaient bel et bien le langage du monde et qu'ils étaient heureux de l'entendre de sa bouche à elle. Mais de tous les mots qu'elle prononçait, ceux qui lui apportaient le plus d'amour demeuraient et demeureraient à jamais « maman » et « papa ».

LE COURAGE

Bellatrix commença sa deuxième année sur terre en explorant ce monde où elle avait atterri. Le temps passait toujours aussi vite, et il n'y avait pas une seconde à perdre. En tant qu'étoile, Bellatrix possédait une si grande force de propulsion qu'elle pouvait traverser le ciel en quelques secondes. Mais sur terre, elle était prisonnière d'une coquille que les Terriens nommaient « corps ». Ce dernier était infiniment moins mobile et moins rapide. Cela la frustrait au plus haut point. Néanmoins, il lui fallait apprendre à respecter les limites de cette coquille et de cette planète.

D'abord, elle passa plusieurs mois à ramper au sol pour explorer le monde. C'était ardu et très lent. Il lui fallut trouver de nouveaux moyens pour gagner du temps. Un matin, prenant son courage à deux mains, Bella s'élança vers l'avant et sentit son dos habituellement rond se dresser bien droit. Elle était debout. La voyant ainsi, son père accourut et lui tendit les bras en lui faisant signe d'avancer. Bella fit quelques pas vers l'avant, puis tomba brusquement.

Saisi par une grande crainte, son père se précipita pour l'aider à se relever. On appelait cette crainte « la peur ». Les Terriens entretenaient une étrange relation avec la peur. Ils affichaient souvent des doutes avant de prendre une décision. Ils portaient en eux des angoisses face à l'inconnu. Ils ressentaient de l'insécurité devant un rêve qui semblait difficilement accessible.

Les étoiles, elles, ne connaissent pas la peur. Elles préfèrent le courage, qui est le contraire de la peur. Elles foncent de tout leur feu vers l'avant sans jamais se poser de questions sur ce qu'elles risquent de perdre. Au cours de leurs trajectoires galactiques, il arrive souvent qu'elles se heurtent à des astéroïdes ou qu'elles disparaissent momentanément dans le néant. Malgré tout, elles continuent d'avancer et de garder le cap sur leur destination.

À tout instant, elles défient l'impossible sans jamais douter, sans jamais connaître l'angoisse, sans jamais vivre l'insécurité. Elles peuvent voyager pendant des siècles avant d'atteindre leur but, mais elles maintiennent toujours leur trajectoire. Elles ne se découragent jamais. Ce sont des étoiles, après tout !

En décidant de venir sur terre, même si peu de temps, Bellatrix avait choisi de défier la fatalité du monde et de foncer de tout son cœur vers son rêve. Elle avait fait preuve d'un immense courage. Elle n'allait pas laisser la peur l'arrêter.

Pendant des semaines, Bella recommença l'exercice, et après de nombreux essais elle réussit à traverser sa chambre sans tomber, puis le corridor qui menait au salon, et finalement la maison tout entière. Elle se mit à courir et à sauter. Philippe était fou de joie. À chaque nouvelle étape, il la prenait dans ses bras et la faisait tournoyer dans une danse effrénée. Bellatrix était habituée à tourner sur elle-même à des vitesses mille fois plus grandes, mais toujours dans un axe bien défini. Jamais dans une ronde de joie aussi belle et aussi folle, en symbiose avec quelqu'un.

Debout sur ses jambes, Bella trouvait la terre beaucoup plus accessible. Elle courait partout, touchait à tout. Ses parents, apeurés, la surveillaient constamment. Ils sursautaient lorsqu'elle cherchait à escalader les comptoirs de la cuisine. Pourtant, c'est justifiable lorsqu'on cherche à avoir une meilleure vue sur le monde! Ils paniquaient lorsqu'elle tentait de goûter au contenu des flacons et des bouteilles qu'elle trouvait dans l'armoire à pharmacie de la salle de bain. Pourtant, c'est raisonnable lorsqu'on cherche à mieux connaître les goûts des Terriens.

Bellatrix mémorisait tout. Elle imaginait ce jour très proche où elle retournerait dans sa constellation et raconterait ce qu'elle avait vu à ses sœurs. Elle les rendrait jalouses à coup sûr!

L'AMITIÉ

Dans ses troisième et quatrième années de vie, Bellatrix découvrit l'amitié terrestre. Étant de plus en plus responsable, elle obtint la permission de jouer dehors avec les autres enfants de sa rue.

Elle fit ainsi la connaissance de trois nouveaux Terriens. Il y eut tout d'abord Léo, un petit garçon moqueur qui multipliait les espiègleries. Puis Thomas, un enfant timide qui passait ses journées sur son tricycle rouge. Et finalement Maika, une petite fille aux tresses rousses qui souriait et chantait tout le temps. Bella et Maika devinrent immédiatement les meilleures amies du monde.

Bellatrix était fascinée par cette petite fille qui parlait en chantant. Pour une étoile, le langage humain parlé pouvait être intéressant, mais il n'avait rien de bien excitant. Dans sa constellation, lorsque Bellatrix voulait communiquer à ses sœurs sa tristesse ou sa colère, elle pouvait déclencher une explosion volcanique ou engloutir un système solaire tout entier. Mais le langage chanté lui était divin. C'était comme si les anges eux-mêmes l'avaient inventé. Très rapidement, Bella apprit à chanter à son tour.

L'amitié de Bella et Maika grandit et s'épanouit. Avec chaque jour qui naissait, elles écrivaient un nouveau chapitre de leur

Étoile enfant 2

*

L'amitié est sans
aucun doute
la forme d'amour
la plus durable qui
soit.

*

grande aventure. Elles passaient l'automne à regarder la pluie et à sauter à pieds joints dans les flaques d'eau, l'hiver à faire des anges dans la neige, le printemps à caresser le dos des chenilles en attendant qu'elles se changent en papillons, puis l'été à s'envoler sur des balançoires tout en regardant le ciel. Et bien sûr, peu importe le temps ou la saison, elles passaient leur temps à chanter, toujours chanter. Bella se sentait aussi proche de Maika que de ses sœurs les étoiles. Les Terriens appelaient ce sentiment « l'amitié ». Un lien sacré et précieux entre deux êtres. L'amitié est sans aucun doute la forme d'amour la plus durable qui soit.

Pour leur part, les deux garçons connaissaient le même lien entre eux. Entraînés par la curiosité de Léo, ils passaient leurs journées à s'inventer des univers. Avec des boîtes de carton, ils s'étaient construit une petite cabane où ils se retrouvaient. Là, ils imaginaient un monde où ils étaient rois. Ils avaient une énergie inépuisable.

Léo se plaisait à attraper les plus beaux papillons et à les montrer à son ami. L'amiral, avec ses longues ailes majestueuses. L'argynne cybèle, avec ses couleurs d'or. Le coliade de la luzerne, tout jaune. Le croissant perlé, avec ses taches de lumière. Le vulcain, avec son dos noir et orange. Et le monarque, aussi somptueux que le soleil.

LA LIBERTÉ

Le soir du cinquième anniversaire de Bella, Philippe apporta à la maison une étrange boule de plumes. Elle était petite et toute blanche. Philippe la caressait comme on caresse tendrement la tête d'un enfant.

— Il est à toi, dit-il en tendant la boule à Bella.

Bella prit cette chose de ses deux mains pour ne pas la laisser tomber. La boule de plumes respirait. Elle était vivante. Une chaleur intense se dégageait de son ventre. Comme une étoile, mais au lieu d'être couverte de feu, elle était couverte de plumes.

— C'est un oiseau, Bella.

— Un oiseau comme ceux qui volent dehors ?

— Oui. N'aie pas peur, mon amour. Il sommeille. Caresse-lui la nuque et il s'éveillera.

Bella fit ce que son père lui suggérait, et soudain la boule de plumes ouvrit les yeux. C'étaient deux yeux noirs et vifs, remplis de milliers de petits pigments qui ressemblaient à des milliers de planètes. On eût dit deux galaxies.

— Il ne te reste plus qu'à lui trouver un nom, ma chérie.

— Il s'appellera Voie lactée, dit-elle sans même réfléchir.

— C'est un drôle de nom pour un oiseau, mais c'est original.

— Papa, emmenons-le dehors et regardons-le voler.

— Non, Bella. Il est trop petit. Il ne sait pas voler.

— Eh bien alors, raison de plus pour l'emmener dehors et lui apprendre.

— Mais comment pourrais-tu le lui apprendre ? Tu ne sais pas voler, Bella.

— Mais si, je sais ! Je suis une étoile !

— Nous allons plutôt le mettre dans une cage. Il y sera beaucoup plus en sécurité. Tu pourras le nourrir et doucement le voir grandir.

Ne voulant pas faire de peine à son père, Bella accepta momentanément de faire ce qu'il disait.

Plusieurs semaines passèrent. Voie lactée grandissait à vue d'œil. Il se mit tout d'abord à battre des ailes nerveusement au fond de sa cage. Puis, au bout de quelque temps, lorsque Bella ouvrit la cage pour la nettoyer, il sortit et se mit à sautiller à travers la cuisine. Cependant, restreint par l'espace, l'oiseau ne s'élevait que quelques secondes à la fois. Décidée à ce que Voie lactée apprenne à voler, Bella retourna voir son père.

— J'ai réfléchi et je veux qu'on laisse Voie lactée sortir pour qu'il apprenne à voler.

— Bella. C'est dangereux. Ce n'est qu'un petit oiseau domestique. Il risque de s'égarer.

— Non, Voie lactée est trop intelligent pour perdre son chemin.

— Et s'il rencontre un vilain chat ?

— Justement. S'il sait voler, il pourra s'enfuir.

— Et si, sachant voler, il décidait de fuir pour toujours ? De te fuir. Il sera libre. Tu risques de ne plus jamais le revoir.

— Eh bien, je le regarderai partir, répondit-elle, attristée.

— Tu es certaine ?

— Oui. À quoi bon avoir des ailes si on ne peut pas voler ?

Bella ouvrit la cage et prit Voie lactée dans ses mains. Après avoir poussé la porte du balcon, elle le déposa sur le sol et lui fit signe d'avancer. D'un saut, Voie lactée bondit sur la balustrade. Il regarda du haut du troisième étage l'espace qui s'ouvrait devant lui. Puis, au bout d'un court instant, il rebroussa chemin et retourna vers sa cage. Bella en resta tout étonnée.

— Mais pourquoi ne s'envole-t-il pas ? Il est libre.

— La liberté n'est pas pour tous, Bella.

— Je ne comprends pas. Au ciel, les étoiles sont fixes et doivent respecter leur trajectoire.

— Bella, tu me surprendras toujours par ton intelligence. Difficile de croire que tu n'as que cinq ans ! Sur terre, la liberté est tout autre. Certains sont libres, d'autres pas. Et parmi ceux qui le sont, certains choisissent de quitter leur cage, mais d'autres préfèrent y rester. Un peu comme Voie lactée.

— Mais pourquoi renoncer à la liberté ?

— Par peur, j'imagine.

— Moi, je n'aurai jamais peur d'être libre.

— Et c'est très bien comme ça, ma chérie, dit Philippe en embrassant Bella sur le front.

LE PARTAGE ET LA RICHESSE

Au cours de sa sixième année de vie, Bella fut inscrite à l'école. Elle en était très excitée. Dès sa première journée, elle fut stupéfaite de voir des centaines d'enfants de son âge remplir la cour. Une dame au regard quelque peu sévère la conduisit à sa classe.

Assis derrière des pupitres, une trentaine de petits garçons et de petites filles attendaient patiemment le début des leçons. Bella trouvait bizarre que tous aient le même livre. Elle se disait qu'on aurait pu apprendre plus de choses si chaque enfant avait eu un livre différent.

Les leçons consistaient principalement en l'apprentissage de deux grandes matières, la langue et les mathématiques. Bella préférait de loin les leçons de langue. Elle se plaisait à étudier le vocabulaire, la grammaire et la conjugaison des verbes. Plus particulièrement, la conjugaison du verbe « aimer ».

Maika était dans la même classe que Bella. Chaque matin, dans l'autobus qui les menait à l'école, elles conjuguaient le verbe « aimer » au présent.

J'aime
Tu aimes
Il aime
Nous aimons

Vous aimez
Ils aiment

Puis, chaque fin d'après-midi, en rentrant à la maison, c'était au tour du futur.

J'aimerai
Tu aimeras
Il aimera
Nous aimerons
Vous aimerez
Ils aimeront

En les écoutant, on eût dit que pour elles le passé importait peu. C'étaient le présent et le futur qui comptaient vraiment.

En revanche, Bella n'aimait pas beaucoup les mathématiques. Étant une étoile en révolution constante dans l'Univers, Bellatrix était habituée aux algorithmes, à l'algèbre et au calcul différentiel avancé. Les mathématiques enseignées en première année étaient un peu simplistes pour elle.

Un jour, la professeure de mathématiques présenta le problème suivant :

— Si Mathieu a dix oranges et qu'il en donne deux à son meilleur ami, Alexandre, combien lui en reste-t-il ?

Maika, en bonne première de classe, leva la main. Cependant, l'enseignante décida de l'ignorer et de demander plutôt la réponse à Bella, qui semblait dans la lune.

— Bella ?

— Oui, madame !

— Si Mathieu a dix oranges et qu'il en donne deux à Alexandre, combien lui en reste-t-il ? répéta-t-elle.

— Beaucoup trop.

— Pardon ?

— Si Alexandre est l'ami de Mathieu, celui-ci devrait apprendre à partager. Il devrait lui donner au moins la moitié de ses oranges, c'est-à-dire cinq et pas seulement deux.

Tout le monde dans la classe se mit à rire.

— Vous vous croyez drôle, Bella ?

— Mais non, madame. C'est juste que je trouve Mathieu bien égoïste.

À nouveau, les élèves de la classe s'esclaffèrent.

— Contrairement aux Terriens, poursuivit Bella, les étoiles partagent leur lumière et leur chaleur avec le reste du monde. Elles brillent et réchauffent sans retenue. Leur générosité est telle que, même en pleine noirceur, elles cherchent à éclairer le ciel. Le Soleil va jusqu'à donner sa vie pour réchauffer la Terre. Cette notion de partager ses forces et ses richesses avec les autres est capitale chez les étoiles ! Je crois donc que Mathieu devrait faire comme les étoiles et mieux partager ce qu'il a.

— Bien que cela soit joli, ce n'est pas la bonne réponse... Maika, quelle est la bonne réponse ?

— Celle que vous voulez est huit, mais personnellement je préfère celle de Bella, madame !

Bella fit un clin d'œil à son amie.

LA FORCE

Après ses deux premières années à l'école, Bella vit un drôle de phénomène se manifester. Les enfants de l'école, un peu comme des constellations, se mirent à se diviser et à former de petits groupes distincts. Il y avait les sportifs avec leur ballon de foot, les studieux qui jouaient toujours aux échecs à la cafétéria, les plus populaires qui paradaient dans la cour de récréation avec leurs vêtements dernier cri, les ordinaires qui espéraient un jour devenir populaires, et les voyous qui s'amusaient à faire les quatre cents coups et à terroriser les autres groupes.

Bella, Maika, Léo et Thomas étaient tous les quatre dans le groupe des ordinaires. Maika détestait cela. Elle aurait tout donné pour qu'elle et ses amis puissent entrer dans le cercle des élèves populaires. Un jour où les quatre enfants jouaient à la balle dans la cour, la bande des voyous décida de se payer leur tête. Le chef s'approcha et, d'un geste brusque, arracha la balle des mains de Thomas.

— Mais qu'est-ce que vous faites ? Rendez-nous cette balle, elle est à nous, dit Thomas.

— Et qu'est-ce que tu feras si je ne veux pas, petit rejet ? rétorqua le chef.

— Comment tu m'as appelé ?

— Petit rejet. C'est ce que vous êtes, toi et tes amis.

— Et toi, tu es un perdant ! Tu te prends pour un voyou, mais tu n'es rien, lança Léo, terrifié.

— Un perdant, hein ?

— Oui, un perdant ! renchérit Thomas.

— Tu veux te battre ?

Soudain, la cour entière s'attroupa autour de Thomas et du chef des voyous. Tous y étaient comme des spectateurs curieux à un match de boxe. Les populaires avaient mis de côté leur parade, les ordinaires les avaient suivis, les sportifs avaient délaissé leur ballon, et même les studieux avaient interrompu leurs parties d'échecs.

— Alors, tu veux te battre ? répéta-t-il.

— Non. Je veux simplement que tu nous rendes notre balle, répondit courageusement Thomas.

— C'est beau, ça, dit le chef de la bande en posant ses doigts sur la chaîne qui brillait au cou de Thomas.

— Touche pas ! C'est ma grand-mère qui me l'a offerte.

— Elle m'ira beaucoup mieux à moi, rejet, répliqua-t-il en lui arrachant la chaîne d'un geste brusque.

Puis, d'un geste vif de la gauche, il asséna un coup de poing dans le ventre de Thomas qui, le souffle coupé, tomba au sol.

— Tu n'es plus aussi vaillant à présent, petit.

— Redonne-moi ma chaîne, perdant, s'écria Thomas en se relevant péniblement.

Le chef de la bande s'élança une seconde fois et lui infligea un autre coup de poing. Thomas s'effondra de nouveau.

— Et là, as-tu compris ?

— Redonne-moi ma chaîne, perdant, répéta-t-il une fois encore en se relevant, refusant de demeurer au sol.

Hargneux, le chef de la bande lança la chaîne par terre et s'éloigna avec sa bande. Tous les autres enfants de l'école se mirent à rire de Thomas. Tous, sauf ses amis, Bella, Maika et Léo, qui se portèrent à son secours et l'aidèrent à se relever.

— Ça va, Thomas ? l'interrogea Léo.

— Non, ça ne va pas. J'ai honte.

— Honte, mais pourquoi ? intervint Bella.

— Honte, car je n'ai pas eu la force de nous défendre devant cette canaille.

— Que veux-tu dire par « force », Thomas ? demanda Bella, perplexe.

— Je veux dire la force physique de lui donner une bonne correction et de l'empêcher de prendre ma chaîne. La force de nous faire respecter.

— C'est cela que tu appelles la « force » ?

— Mais oui !

— Ce n'est pas de la force, ça, rétorqua Bella.

— Ah non ! C'est quoi alors ?

— Au ciel, la force est liée à la gravité. La gravité est la force d'attraction exercée par un astre sur un corps quelconque. À chaque instant, une étoile doit défier la gravité exercée par les autres étoiles et les planètes pour conserver son axe de rotation. Sur terre aussi, la force est liée à la gravité. La force, ce n'est pas la capacité de se faire respecter. La force, c'est la capacité de se relever quand on tombe par terre. La capacité de défier la gravité et l'adversité même quand on voudrait rester au sol. Tu es tombé deux fois et tu t'es relevé chaque fois malgré la douleur. Ça, c'est la force. Ce n'est pas une qualité physique, c'est une

Fleur soleil 1

*

La force,
ce n'est pas
la capacité de
se faire respecter.
La force, c'est la
capacité de se
relever quand on
tombe par terre.

*

qualité morale. Celle de vouloir défendre tes amis même quand tu sais que ton adversaire est beaucoup plus grand que toi. Je te trouve très fort, Thomas.

— Mais qu'est-ce que tu racontes encore ? Toi et ton ciel !

— Tu es beaucoup plus fort que tu penses, tu sais.

Thomas, tout en levant les yeux vers elle, tendrement lui sourit.

LE TEMPS

Au premier étage de l'immeuble où habitait Bella vivait un vieil homme aux cheveux aussi blancs que la neige. Ce vieux monsieur passait ses journées assis sur une chaise à se bercer et à regarder obstinément dans le vide. Il ne parlait à personne. Il semblait infiniment seul et triste. À côté de lui, il y avait une autre chaise berçante, qui demeurait vide et silencieuse.

Un jour, Bella décida d'aller s'asseoir près de lui pour lui tenir compagnie.

— Bonjour !

— Il est rare que le jour soit bon, dit le vieil homme sans même se retourner.

— Je peux m'asseoir ?

— Cette chaise appartenait à mon épouse. Elle est partie il y a trois ans. Depuis, plus personne ne s'y assoit.

— Je peux donc m'asseoir ?

— Si ça peut te faire plaisir, ma petite fille.

— Elle est partie où, votre femme ?

— Elle est partie pour le grand voyage.

— Moi aussi, je suis en voyage.

— Ah oui ? Quel genre de voyage ?

— Un voyage stellaire. Je suis en réalité une étoile.

— C'est amusant de voyager à ton âge, mais je ne parle pas de ce genre de voyage, dit le vieil homme en gardant son regard pointé vers le vide.

— Qu'est-ce que vous fixez avec vos yeux ?

— Je ne fixe rien. J'attends, simplement.

— Et vous attendez quoi ?

— J'attends de faire le long voyage à mon tour. J'attends la mort, mon enfant. Je suis si vieux, tu sais.

— Ah bon ? Vous avez quel âge ?

— J'ai soixante-dix-sept ans.

— Soixante-dix-sept ans ! C'est jeune pour être vieux !

— Jeune ? répondit spontanément le vieil homme.

— Oui, jeune. La petite fille que je suis n'a que neuf ans, mais dans ma vraie vie d'étoile, j'ai plus d'un million d'années. Pourtant, je ne me sens ni vieille ni prête à mourir. J'ai tellement de choses à accomplir. Tellement d'autres galaxies à voir.

— Eh bien, moi, je ne suis pas une étoile. Je suis un vieil homme de soixante-dix-sept ans. Seul pour supporter la lourdeur de mon âge, déclara le vieil homme sur un ton amusé.

— L'âge n'est qu'un prétexte pour vieillir. La vie ne se calcule pas en années. Il vous faut changer de mesure.

— Changer de mesure ? répéta-t-il en regardant enfin Bella.

— Mais oui ! La vie ne se mesure pas en nombre d'années ou selon ce qu'on a fait, mais par ce qu'il nous reste à faire. Elle se définit par la mesure de nos rêves, de nos amours, de nos projets. Le temps qui nous est alloué sur terre est précieux. Croyez-moi ! Il faut savoir le saisir.

— Tu en sais, des choses, pour une petite fille, s'exclama-t-il en souriant pour la première fois depuis des mois.

— Vous voulez dire pour une étoile.

— Pardon ! Pour une étoile !

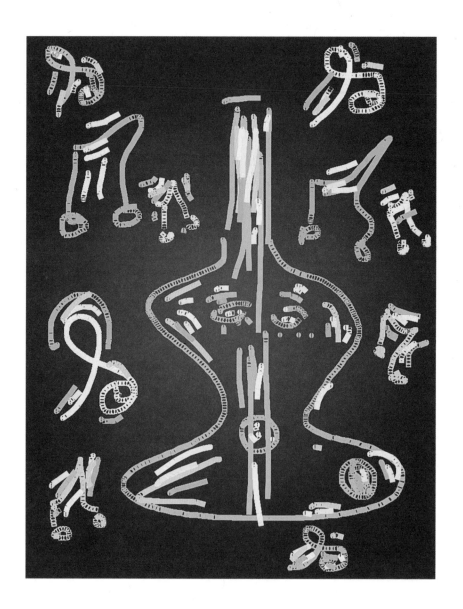

Guitare vivante 1

*

L'âge n'est
qu'un prétexte
pour vieillir.

La vie se définit
par la mesure
de nos rêves,
de nos amours,
de nos projets.

*

LE BONHEUR

Au deuxième étage de l'immeuble habitait une jeune fille dans la mi-vingtaine. Comme les gens du voisinage, elle avait l'habitude d'étendre ses draps sur une corde pour les faire sécher au cours des belles journées d'été. Bella aimait beaucoup regarder les cordes à linge tendues au-dessus de la ruelle derrière chez elle. On eût dit d'immenses tableaux aux nombreuses couleurs qui volaient au vent. Mais c'était sans aucun doute sa voisine du deuxième qui suspendait les plus beaux tableaux.

Un jour, en descendant l'escalier arrière, Bella croisa sa voisine et décida de la regarder assembler un chef-d'œuvre.

— Bonjour à toi. Je peux t'aider ? lui demanda la voisine en voyant Bella du coin de l'œil.

— Non, mademoiselle. Je veux simplement vous regarder étendre vos draps. Ça me rend heureuse.

— Tu as le bonheur facile, toi.

— Le bonheur, oui. N'est-ce pas ainsi pour tous ?

— Ah que non ! Le bonheur est capricieux. Il n'est pas toujours là lorsqu'on a besoin de lui.

— Et vous, mademoiselle, êtes-vous heureuse ?

— Ça dépend. Mon bonheur à moi est lié à un homme. Quand je le vois, je suis heureuse. Mais quand je ne le vois pas, je suis malheureuse. Aujourd'hui, je ne l'ai pas vu, j'ai donc le bonheur difficile.

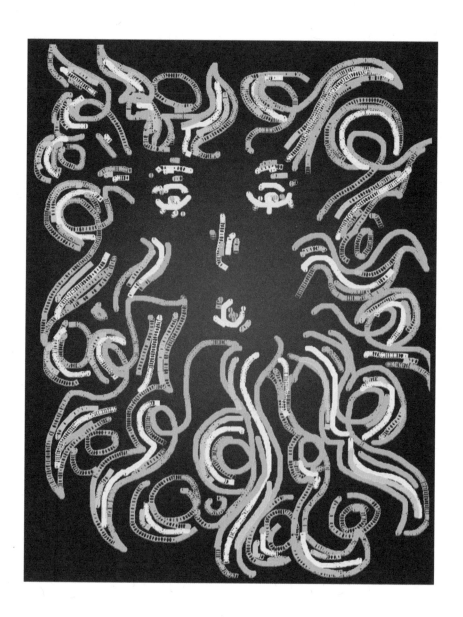

Masque étoilé 3

Je devrais arrêter
d'attendre que
mon bonheur
vienne de
quelqu'un d'autre.
Je devrais le
dessiner à partir
de qui je suis.

— Ah bon! Et comment fait cet homme pour avoir tout ce pouvoir?

— Je ne sais trop. C'est sûrement moi qui lui donne ce pouvoir sur mon humeur.

— Dans l'espace, une étoile change d'humeur constamment. Elle peut être perturbée par moments, multipliant les explosions volcaniques, puis d'un seul coup se calmer et redevenir lumineuse. Mais en tout temps, c'est elle, et elle seule, qui décide de son humeur.

— Mais comment sais-tu ça? Tu n'as que dix ans...

Bella resta silencieuse.

— Tu as peut-être raison. Je devrais arrêter d'attendre que mon bonheur vienne de quelqu'un d'autre. Je devrais le dessiner à partir de qui je suis.

Bella sourit.

— Mais dis-moi, qu'est-ce que tu trouves de si joyeux sur cette corde à linge?

— C'est comme un immense tableau. Mieux, un immense drapeau.

— Tu vois ça sur une simple corde à linge?

— Non. Je vois ça sur votre corde à vous.

— Ah oui! C'est vrai que j'ai du goût, dit-elle en riant.

— Le bonheur est donc revenu?

— Si on veut. Allez, va jouer avec tes amis. J'ai encore à faire plusieurs lessives et quelques tableaux.

— Bonne journée alors!

— Bonne journée à toi, Bella!

LA FOI

Chaque année, vers la fin du mois de décembre, certains Terriens se plaisaient à célébrer Noël. Bella appréciait particulièrement cette fête. Elle passait de longues heures devant la crèche que les religieuses préparaient à l'entrée de l'église. Il y avait évidemment le petit Jésus, couché dans la paille et entouré de Marie, de Joseph, des trois Rois mages, de l'âne et, au-dessus d'eux, de l'étoile Polaire. Un jour, voyant Bella absorbée dans sa contemplation de la crèche, une sœur s'arrêta à ses côtés.

— Elle te plaît, cette crèche ?

— Oh oui, ma sœur !

— C'est ainsi qu'est né Jésus, le Sauveur du monde. C'est ainsi qu'est née la foi.

— Qu'est-ce que la foi ?

— La foi, c'est croire en quelque chose que l'on ne peut voir. C'est accepter que Jésus est le Sauveur du monde.

— Peut-on avoir la foi en quelqu'un d'autre que Jésus ?

— Oui, bien sûr. Les musulmans ont foi en Mahomet. Les juifs en Yahvé. Pour les bouddhistes, c'est Bouddha. D'autres vénèrent le dalaï-lama. Vaste est la foi.

— Moi, ce qui me fascine le plus, ma sœur, c'est l'étoile qui brille au-dessus de la crèche.

— C'est l'étoile Polaire.

Regards volants 1

*

À force d'avoir
la foi en ce qu'on
ne voit pas,
on oublie d'avoir
la foi en ce
qu'on voit.

*

— Oui, je sais. Je la connais.

— Et pourquoi te fascine-t-elle tant ?

— C'est elle qui a mené les Rois mages à la crèche. C'est elle qui a guidé le monde vers Jésus. Et pourtant, on l'oublie. Elle a traversé le temps, elle brille toujours, même après deux mille ans, mais plus personne ne parle d'elle. Jésus, on ne le voit pas, et pourtant on croit en lui. Elle, elle est toujours là, mais personne ne croit plus en elle.

— Que cherches-tu à me dire, mon enfant ?

— Eh bien, je crois qu'à force d'avoir la foi en ce qu'on ne voit pas, on oublie d'avoir la foi en ce qu'on voit. La beauté du monde est partout autour de nous. Nous pouvons la voir. Elle est la preuve absolue que notre existence est liée à quelque chose d'infiniment plus grand que nous.

— Tu as raison. Il faut aussi avoir la foi en ce qu'on voit. Il faut apprécier notre vie sur terre. Il faut croire en la beauté du monde.

— Oui, ma sœur.

— Et comment l'as-tu connue, cette étoile ?

— Je l'ai croisée au cours de ma traversée de l'Univers pour venir sur la Terre.

— Tu as traversé l'Univers ?

— Oui, ma sœur. Je suis une étoile. Vous me croyez, n'est-ce pas ?

— Mais bien sûr, Bella. J'ai la foi ! répondit tendrement la religieuse.

LA PASSION

À douze ans, Bella observa en elle de drôles de changements. Un peu comme une étoile qui se réchauffe au cours de son cycle de vie pour atteindre une chaleur dépassant sept millions de degrés Celsius, la température avait commencé à monter dans le corps de Bella. Les Terriens appelaient ces transformations la puberté.

À l'instar d'une étoile moyenne sur le point de devenir géante, Bellatrix sentait par moments qu'elle perdait la maîtrise de son centre de gravité et de ses humeurs. Il arrivait qu'elle pleure pour un rien ou se sente irritée sans savoir pourquoi. À d'autres occasions, elle se voyait devenir rêveuse ou légère. Sa peau avait commencé à se couvrir d'un léger duvet. Certains matins, son visage affichait un ou deux boutons rouges.

Bellatrix se sentait déstabilisée par tous ces phénomènes, mais elle connaissait le cycle des choses. La vie a parfois cette fâcheuse habitude de nous éprouver afin de nous faire mieux apprécier sa beauté. La chenille doit être répugnante et ramper par terre avant de devenir un magnifique papillon et de pouvoir s'envoler. L'étoile doit se consumer pendant des millions d'années avant de devenir une géante et d'être aperçue depuis la Terre. Et une petite fille doit traverser la puberté avant de devenir une femme.

Mais de tous ces changements, le plus mystérieux était sans aucun doute cette étrange fascination qu'elle avait commencé à éprouver pour les garçons de son âge. Elle se sentait maintenant attirée par eux, particulièrement par Thomas. Lorsqu'il s'approchait d'elle, elle avait la tête qui tournait à toute vitesse comme si elle était sous l'emprise d'un étourdissement intense. Dans l'espace, elle était habituée à tourner sur elle-même, mais jamais aussi vite. Ce sentiment ressemblait quelque peu à l'amour qu'elle avait pour ses parents, mais il était beaucoup plus puissant, car il lui faisait perdre le contrôle de sa raison. Parfois, elle se sentait tomber dans le vide sans savoir comment éviter la chute. Parfois encore, elle devenait timide à en perdre la parole. Les Terriens appelaient ce sentiment « la passion ».

Tout comme deux astres aimantés par leur champ magnétique, Bella était irrésistiblement attirée par Thomas. Elle aurait voulu se fondre en lui jusqu'à ce qu'ils ne forment plus qu'une seule personne. Elle n'avait plus d'appétit et passait ses journées à rêvasser. On la disait dans la lune. Imaginez, songeait-elle, combien ce sentiment doit être fort pour que moi, une étoile géante, je puisse être dans un satellite aussi petit que la Lune !

Bien que romantique et intense, ce sentiment faisait peur à Bellatrix. Dans l'espace, il est très dangereux que deux astres de même taille s'approchent trop l'un de l'autre. On dit que leur force d'attraction réciproque les mènera inévitablement à la collision et à la destruction. La passion, un peu comme un astre ou une étoile, connaît rarement sa puissance. Bella et Thomas se devaient donc d'être prudents.

Ils commencèrent tout d'abord par se tenir la main. Cela devint très rapidement une habitude. Chaque jour, ils marchaient main dans la main en revenant de l'école. Puis, Thomas osa embrasser Bella sur la joue. Elle se sentit soudain aussi rouge que ces étoiles que l'on aperçoit dans les constellations de Persée et du Cocher et que l'on nomme les « géantes rouges ».

Un soir d'août, sous un ciel de perséides, ils goûtèrent leur premier baiser. Doucement, les lèvres de Bella se posèrent sur celles de Thomas. Elle ressentit en son for intérieur des étincelles s'envoler par milliers. Instantanément, le ciel se fit leur complice et multiplia les étoiles filantes. Il y en avait tellement qu'on eût dit un véritable feu d'artifice. La température corporelle de Bella monta à un point tel qu'elle se crut sur le point de redevenir une étoile. Thomas souriait, émerveillé. Ils recommencèrent encore et encore, chaque baiser devenant de plus en plus long et de plus en plus intense. Ils ressentaient tous deux ce vertige incroyable, comme si deux soleils tournaient l'un autour de l'autre, consumant tout sur leur passage. La chaleur et le désir continuaient de grandir, mais ça ne semblait aucunement les déranger. De temps à autre, ils s'arrêtaient pour reprendre leur souffle. Bellatrix se disait que, même là-haut, le ciel ne lui avait jamais paru aussi beau. La vie non plus.

Thomas était toujours ami avec Léo. Ce dernier semblait plaire à Maika, qui traversait les mêmes bouleversements que son amie Bella. Il était fréquent pour Bella et Maika de rêvasser ensemble, tard le soir, en parlant de ces deux garçons. Maika racontait comment elle et Léo se marieraient un beau jour et auraient douze enfants.

Flammes d'étoiles 1

*

La passion,
un peu comme
un astre ou une
étoile, connaît
rarement sa
puissance.

*

— Pourquoi douze enfants?

— Un pour chaque mois de l'année.

— Des garçons ou des filles?

— Six garçons et six filles.

— Et ils te ressembleront tous?

— Bien sûr!

— Ils auront tous les cheveux roux? lui demanda-t-elle en retenant son sourire.

— Tous! Du premier au dernier.

Puis les deux amies se mettaient à rire follement.

Bella écoutait attentivement les récits de sa meilleure amie. Cependant, elle restait discrète quant à ses propres rêves. Elle savait bien que son temps sur la Terre était de plus en plus compté et qu'elle allait bientôt regagner sa place dans le ciel.

Treizième année

Bella avait commencé sa treizième année comme les autres, avec un immense gâteau d'anniversaire couvert de bougies. Sa mère avait passé une bonne partie de la journée à préparer la table, à décorer la maison et à emballer des cadeaux pour sa fille. Toutes les personnes que Bella aimaient le plus au monde y étaient : Marie, sa mère, Philippe, son père, Maika, Thomas et Léo.

Comme c'était la coutume, Marie demanda à Bella de fermer les yeux et de faire un vœu avant de souffler les bougies. Puis, en invitant chacun à lever son verre, elle porta un toast en souhaitant paix et santé à tout le monde. Ils mangèrent du gâteau, burent du jus et s'amusèrent à jouer à des jeux toute la soirée. Silencieuse, Marie regardait sa fille avec bonheur et fierté. Bella était désormais une belle adolescente.

Puis, un soir de janvier, Bella revint de l'école avec une forte fièvre. Marie s'empressa d'appliquer des compresses froides sur le front de sa fille. Au bout de quelques heures, s'apercevant que la fièvre ne baissait pas, elle demanda à Philippe de les conduire à l'hôpital.

Ce soir-là, l'hôpital de la Miséricorde était plein à craquer. Le personnel s'affairait à soigner les nombreux patients, en ce début de printemps où la grippe faisait rage. Marie s'attendait à une visite de routine. Après un peu d'attente, le docteur Lapalme, qui était de service ce soir-là, reçut Bella. Il l'examina longuement, puis demanda des prélèvements sanguins, ce qui inquiéta quelque peu Marie.

Au bout d'un moment, il annonça à Marie et Philippe qu'il préférait que Bella passe la nuit à l'hôpital, question de veiller sur elle et d'obtenir un meilleur diagnostic. Marie sentit un pincement au cœur.

— Mais qu'est-ce qui se passe, docteur?

— Une infection, mais nous n'avons pas encore tous les renseignements.

— Est-ce grave?

— Nous avons besoin de faire davantage de tests avant de le savoir avec certitude, mais soyez sans crainte, nous allons bien nous occuper d'elle. Dès que nous aurons plus de détails, vous serez les premiers à en être avisés. En attendant, Bella est en de bonnes mains.

Philippe et Marie décidèrent néanmoins de rester à l'hôpital et de tenir compagnie à Bella pour la nuit. Ensuite, ils durent se relayer auprès d'elle les jours suivants. Même si ses deux parents étaient bouleversés par l'incertitude, Bella semblait calme et sereine.

Après quelques jours, le docteur Lapalme demanda gentiment aux parents de Bella de le suivre dans un petit bureau et les invita à s'asseoir. Puis, il s'assit à son tour.

— Qu'est-ce qui ne va pas, docteur? demanda Marie nerveusement.

Le docteur Lapalme ouvrit un dossier médical. La tristesse dans son regard était palpable à un point tel qu'il finit par regarder par terre.

— C'est plus grave que l'on ne pensait. Votre fille a une maladie du sang.

— Une maladie du sang?

— C'est un cancer des cellules de la moelle osseuse que l'on appelle la «leucémie lymphoblastique».

— Non, c'est impossible.

— Bien que la maladie en soit à un stade assez avancé, nous allons faire tout ce qui est en notre pouvoir pour soigner votre fille et l'aider à guérir.

Marie sentit deux immenses larmes couler de ses yeux sans qu'elle pût les retenir. Elle avait entendu les mots que le docteur avait prononcés – maladie, cancer, leucémie –, mais c'était comme si son cerveau ne voulait pas les décoder. Ces mots si lourds de sens et si durs. C'était inconcevable. Elle venait tout juste, quelques semaines auparavant, de fêter l'anniversaire de Bella, et maintenant elle risquait de la perdre. Tout allait si vite. Tout était si irréel.

Philippe, voyant la panique de Marie, la serra doucement. Au contact des bras de son mari, Marie craqua et se mit cette fois à pleurer à chaudes larmes. Elle ne se sentait plus comme une adulte en possession de ses moyens, mais comme une enfant égarée, perdue.

Le médecin fit discrètement signe à Philippe qu'il voulait lui parler.

— Je comprends que ces moments sont extrêmement difficiles à vivre pour vous et votre femme. Je tiens à vous assurer que votre fille est bien soignée.

— Merci, docteur, dit Philippe, le regard absent.

— Bella dort paisiblement pour le moment. Elle ne sait rien de sa maladie.

— Comment pouvons-nous lui annoncer cela ?

— Avec douceur et franchise.

— Mais ce n'est qu'une enfant, rétorqua Philippe.

— En tant que parents, nous croyons souvent que nos enfants sont trop jeunes pour comprendre des choses aussi graves que la maladie. Mais c'est faux. Leur jeune âge n'enlève rien à leur intelligence. Il est important d'être sensibles et honnêtes avec eux. Si nous sommes matures avec eux, ils le seront devant leur maladie.

— Et que nous conseillez-vous ? Quand devrions-nous lui en parler ?

— Quand vous vous en sentirez prêts.

Philippe alla rejoindre Marie, qui avait cessé de pleurer. Non pas qu'elle ne ressentît plus la douleur, mais il ne restait plus en elle de larmes à verser. Philippe lui relata la discussion qu'il avait eue avec le médecin. À sa grande surprise, Marie lui dit qu'elle voulait parler elle-même à Bella.

L'être humain a en lui un courage immense lorsqu'il doit affronter l'adversité, pensa Philippe. On sous-estime souvent notre volonté, nos instincts et surtout notre capacité de nous adapter lorsqu'il faut survivre ou protéger un être cher. C'est encore plus vrai chez une mère qui cherche à protéger son enfant.

Marie se ressaisit donc. Elle percevait en elle une nouvelle raison de vivre. Celle d'aider sa fille à faire face à la maladie. Elle se leva, s'essuya le visage. Ensuite, elle alla s'asseoir au pied du lit de Bella et attendit qu'elle se réveille. Dans son esprit, elle se repassait les mots, les phrases, le ton qu'elle allait utiliser pour parler à sa fille.

Enfin, Bella ouvrit les yeux péniblement. Elle avait l'impression d'avoir dormi pendant des jours. Assise au pied de son lit, Marie accueillit son réveil avec le plus beau des sourires. Sa fille le lui rendit.

La coquille qu'était son corps lui parut plus fragile qu'à l'accoutumée. La face intérieure de son bras gauche était couverte de pansements à cause des nombreuses prises de sang qu'elle avait subies. Sa main droite était reliée à une tige de soluté. Elle était vêtue d'une ridicule chemise d'hôpital et avait la bouche pâteuse. Sans bouger ni poser de questions, Bellatrix savait ce qui lui arrivait.

Sa mère s'efforça tant bien que mal de lui expliquer, dans des termes terriens, sa situation. Maladie, cancer du sang, leucémie. Marie parlait lentement, s'arrêtant parfois pour pleurer et la serrer dans ses bras. Puis elle continuait tout en la serrant encore et en lui caressant le visage. Mais Bellatrix avait compris depuis longtemps ce qui allait se passer.

Masque étoilé 2

*

L'être humain
a en lui un
courage immense
lorsqu'il doit
affronter
l'adversité.

*

Des poussières d'étoile

Avant de naître, une étoile est un vaste nuage de poussières qui s'étend sur une très grande surface dans l'espace.

Aux cours des jours qui suivirent, Bella vit se multiplier les traitements de chimiothérapie et les tests. Médecins, infirmières et psychologues s'affairaient autour d'elle pour la réconforter et l'aider. Bellatrix était touchée par tant de sollicitude. Ce qu'elle vivait n'était pourtant que le cycle normal des choses.

Les médecins lui répétaient que son sang manquait de globules rouges et avait trop de globules blancs, mais elle savait que cela faisait partie du processus de sa transformation. Lorsqu'un enfant redevient une étoile, la composition de son corps et de son sang change.

Les infirmières lui expliquaient que la perte de ses cheveux était causée par les traitements de radiation et de chimiothérapie. Une fois de plus, Bellatrix savait que cela n'était que le cheminement pour quitter son apparence humaine et retourner à sa forme stellaire.

Les psychologues persistaient à vouloir lui faire prendre conscience d'une tristesse qu'elle ne ressentait pas. Ils lui disaient qu'il était normal de refouler sa peur face à la maladie et qu'il fallait en parler. Pourtant, elle n'éprouvait aucune peur devant la mort. En fait, elle avait plutôt hâte de pouvoir raconter à Bételgeuse et à ses autres sœurs tout ce qu'elle avait appris sur terre.

Mais dans toute cette obstination à vouloir renverser le cours des choses, c'était sans contredit la peine de Marie et de Philippe qui la bouleversait le plus. Elle ne les avait côtoyés qu'une douzaine d'années, mais elle s'était attachée à eux et détestait les voir souffrir ainsi. Tout comme ses sœurs les étoiles lui avaient appris à briller et à dominer le ciel par sa clarté, ses parents sur terre lui avaient appris à aimer, à chanter, à ressentir les choses. Bella ressentait donc leur chagrin et aurait tout fait pour le voir disparaître.

Tout comme ses parents, ses trois amis – Maika, Thomas et Léo – venaient la voir chaque jour. Ils lui faisaient le récit de ce qui se passait à l'école. Ils lui racontaient ce qu'ils avaient appris. Ils lui répétaient constamment que, bientôt, elle serait de retour sur les bancs de la classe et que tout serait comme avant.

Léo avait pris l'initiative de demander à chacun des enfants de l'école de faire un dessin pour Bella. Dans un énorme cahier rouge, il avait rassemblé des centaines de dessins. Tous avaient participé, allant des élèves les plus populaires jusqu'au dernier des voyous. Même les professeurs avaient participé. Chaque dessin était accompagné d'un mot – « On pense à toi », « Reviens vite », « On t'aime ». Les trois amis décidèrent de tapisser les murs de la chambre de Bella avec ces dessins. Même si ce n'étaient que des morceaux de papier, on eût dit qu'ils avaient réussi à illuminer la chambre.

Maika ne cessait de prendre la main de Bella, de lui caresser la joue, de lui sourire et de lui dire qu'elle était là pour elle. Bella, tant bien que mal, réussissait à discerner le doux parfum de son amie. C'était l'odeur de la vie. Les cheveux de Maika sentaient comme des champs de tulipes et de jonquilles en mai. Pendant que Bella fermait les yeux pour rêver à ces vastes champs de fleurs rouges et jaunes, Maika l'embrassait sur le front. Elle lui chantait des chansons pour l'aider à s'endormir et lui racontait des blagues pour essayer de la faire rire.

Bella devinait l'inquiétude de Maika, bien que cette dernière gardât le sourire. Même devant la souffrance de son amie, Maika restait forte. Mais une fois sortie de la chambre, à quelques pas derrière la porte qui se refermait, elle fondait en larmes et pleurait tout en cherchant à reprendre son souffle. Bella pouvait l'entendre.

Pour leur part, les deux garçons avaient plus de difficulté à cacher leur douleur. Léo avait peine à lui parler sans fondre en larmes. Thomas était lui aussi très perturbé par cette maladie. Le jeune homme rebelle semblait être redevenu un petit garçon. Pour éviter d'entendre sa voix se briser, il s'empêchait de lui parler trop longtemps ou même de la regarder droit dans les yeux. Quand ils se retrouvaient tous deux seuls, Thomas l'embrassait de toutes ses forces. Pour Bella, le goût sucré des lèvres de Thomas lui faisait oublier celui, amer, de tous les médicaments qu'elle devait prendre chaque jour.

Bien qu'elle fût la malade, c'était Bella qui réconfortait ses proches. Les humains avaient cette particularité de croire que la mort est quelque chose de triste. Ils pensaient qu'elle signifie inévitablement la fin de la vie. De plus, ils avaient du mal à laisser aller, à accepter les départs, les adieux des êtres qu'ils aimaient. Ils semblaient ignorer que la mort n'est pas une fin en soi mais une transformation de la vie.

Plus les jours passaient et plus Bella faiblissait. Il y avait déjà un mois que la chimiothérapie avait commencé. Les séances devenaient de plus en plus fréquentes et de plus en plus longues. Bella avait désormais perdu tous ses cheveux. Même si c'était normal, se retrouver ainsi la rendait très vulnérable, car elle avait toujours été fière de son apparence, comme le soulignait son nom.

Sa mère, devinant cet inconfort, lui avait immédiatement offert un bandeau pour couvrir sa tête, sur lequel elle avait fait broder « Bella, la petite étoile ». Bellatrix était consciente que c'était sans doute un pur hasard. Cependant, elle ne pouvait s'empêcher de se demander si sa mère comprenait ce qui lui arrivait.

Si au départ elle avait été désemparée par l'annonce du diagnostic de leucémie chez sa fille, Marie avait maintenant retrouvé ses moyens. Elle encourageait Bella en lui disant que tout irait bien.

Bella admirait profondément cette femme. Bien que le ciel n'ait pas manqué de grandes entités féminines, allant de la Voie lactée à l'étoile Polaire, en passant par la galaxie d'Andromède, Bellatrix n'avait jamais eu une maman. D'après ce qu'on lui avait raconté, elle et ses sœurs étaient nées à la suite d'une énorme explosion causée par la rencontre d'un ensemble de gaz et de champs magnétiques. On nommait cette explosion le Big Bang. Une explosion ! Rien de très sentimental !

Si énorme cette explosion avait-elle pu être, et même si elle était à l'origine de l'Univers, on ne s'attache pas à une explosion. Elle ne vient pas nous bercer lorsqu'on n'arrive pas à s'endormir. Elle ne vient pas nous tenir compagnie lorsqu'on se sent seul et incompris. Et, plus que tout, on ne l'appelle pas « maman ». Sur terre, Bella avait trouvé sa maman.

Bellatrix se sentit tout à coup ridicule. Comment est-ce qu'elle, une étoile cent fois plus grande que le Soleil, mille fois plus grande que la Terre, pouvait avoir une mère aussi petite qu'un grain de sable ? Comment une femme invisible à la plupart des corps célestes pouvait-elle être la maman de l'une des plus puissantes étoiles de l'Univers ? Une étoile bleue de surcroît ! C'était impossible !

Et pourtant, c'était bien ce que Bella ressentait pour Marie. Elle l'admirait de la même manière qu'on pouvait admirer la splendeur d'un ciel étoilé aperçu depuis la campagne. Elle éprouvait pour elle un amour aussi profond que le mystère de l'infini. C'était bien là la preuve que la beauté et la grandeur de toute chose résident dans les yeux de celui qui regarde, et nulle part ailleurs.

La prière

Sur l'étage de l'hôpital où Bella était hospitalisée, il y avait beaucoup d'autres enfants malades. Certains étaient là pour les mêmes raisons que Bella, des cas de leucémie ou de cancer de la moelle osseuse. D'autres y séjournaient pour diverses maladies. Et pourtant, tous étaient unis par un même trait de personnalité : le courage.

Apprendre qu'on doit faire face à la mort à l'âge adulte est une chose éprouvante en soi, peu importe l'expérience que l'on possède. Mais vivre une telle épreuve dans l'enfance, lorsqu'on est encore à l'âge de l'innocence, demande encore plus de courage. Et pourtant, ces enfants restaient debout malgré les séances de chimiothérapie, les prises de sang, les batteries de tests. Ils trouvaient aussi le moyen de sourire et de jouer même après les traitements les plus pénibles. Ils étaient l'incarnation même du mot « courage ».

Il arrivait certes d'entendre un enfant pleurer ou se plaindre de sa douleur. Mais aucun d'entre eux ne capitulait devant la maladie. Aucun n'abandonnait l'espoir de guérir. À un point tel que Bellatrix se disait souvent qu'elle ne devait pas être la seule étoile à cet endroit. Qu'il y avait peut-être une autre géante bleue qui, l'instant de quelques années, s'était transformée en enfant.

Et que dire du courage des parents de ces enfants malades! Sur terre, le rôle d'un parent consistait à élever et à protéger son enfant. Imaginez le sentiment d'impuissance d'un parent lorsqu'il apprend que son enfant est très malade. Qu'il ne peut pas le protéger contre son mal. Qu'il ne peut non plus combattre à sa place. Qu'il doit n'être que le témoin de ce combat qu'exige toute maladie grave. Qu'il doit assister à cette lutte comme un simple spectateur. L'impuissance est un des sentiments les plus lourds à porter lorsqu'on aime quelqu'un et qu'on ne peut rien faire pour le protéger.

Chaque parent gardait toutefois courage. Chacun restait d'innombrables heures au chevet de son enfant. Certains allaient jusqu'à quitter leur emploi pour veiller jour et nuit sur leur petit. Souvent, des lits minuscules étaient installés pour eux dans un coin de la chambre d'hôpital, tout contre un mur. Là, nombreux étaient ceux qui passaient tout leur temps à veiller sur leur enfant.

Et lorsqu'un enfant venait à partir, il était habituel que des fleurs remplissent sa chambre. Bien souvent, tous les autres enfants cessaient de jouer et se rassemblaient avec les infirmières et les médecins pour prier pour le disparu. Prier! Voilà bien un concept humain qui fascinait Bellatrix.

Même si Marie et Philippe n'étaient pas très croyants et n'allaient pas à l'église, ils avaient commencé à prier depuis que Bella était malade. Il était même fréquent, pour Bella, de surprendre Marie et Philippe fermer les yeux, croiser les mains et murmurer à voix basse des vœux de guérison et de force.

Un jour, elle voulut élucider cet étrange rituel pratiqué par ses parents.

— Mais à qui parlez-vous lorsque vous priez ?

— La prière est une forme de recueillement qu'on utilise pour s'adresser à Dieu et lui demander de veiller sur nous. Plusieurs l'utilisent également pour saluer un disparu. À travers la prière, on peut lui parler, lui dire qu'on pense à lui, qu'on le garde près de nous et qu'il nous manque.

— Et Dieu, vous croyez en Lui ?

— Certains croient que Dieu est une divinité. D'autres, qu'Il est un phare, un guide. Certains jours, quand tu vas mieux, j'y crois. Par contre, quand ton état empire, j'ai du mal à y croire. Cependant, ce dont je suis certaine, c'est que tout être humain a besoin de plus grand que lui pour se rappeler sa place dans le monde. La prière est un geste d'humilité qui nous permet de nous rappeler que nous sommes tout petits devant l'Univers. La prière nous aide à parler à ceux qu'on a aimés et qui sont disparus. Elle permet également de se recueillir lorsqu'on est triste. Et parfois même de dire adieu.

Bien qu'elle trouvât que le caractère tragique que les humains accordaient à la mort était démesuré, cette compassion qu'ils éprouvaient pour les leurs lui paraissait admirable et impressionnait Bellatrix.

Au ciel, lorsqu'une étoile était sur le point de perdre sa luminosité et se préparait à former un trou noir, les autres restaient imperturbables. Elles continuaient à briller de tous leurs feux. Elles se donnaient le droit de continuer sur leur trajectoire dans le ciel et de conserver leur axe. Toutes se disaient que la mort d'une de leurs sœurs étoiles était le cycle normal des choses et qu'il n'y avait rien d'autre à faire qu'accepter son sort. C'était juste, mais peu sensible.

Soudain, Bellatrix prit conscience que si, vue de l'extérieur, une étoile était des milliards de fois plus chaude que les humains, elle était en revanche bien froide de cœur. Elle n'avait jamais vu d'étoile prier ni même penser à une sœur mourante. Et encore moins entendu une géante bleue admettre qu'il puisse y avoir plus grand qu'elle pour se rappeler sa place dans le monde. L'humilité n'était pas un trait de caractère d'une géante bleue.

Bellatrix se fit donc la promesse que plus jamais elle ne ferait preuve d'une telle froideur. La mort, comme la vie, devait être respectée. Elle saurait désormais prier pour les disparus. Mais que cette leçon lui vienne de la Terre la troublait étrangement.

Un système solaire bien spécial

Le système solaire est un système planétaire composé d'une étoile, le Soleil, de neuf planètes et de leurs cent soixante-cinq satellites naturels. Ce système abrite évidemment notre planète, la Terre.

Durant son hospitalisation, Bella devint rapidement amie avec les autres enfants malades de son étage. Parmi eux, il y en avait plusieurs qu'elle affectionnait particulièrement.

Il y avait d'abord Bianca, une jeune fille timide qui occupait la chambre du bout du corridor. Elle faisait souvent de la fièvre, mais au lieu d'être trop élevée, sa température était trop basse. Bianca tremblait constamment et avait toujours les mains froides. Son regard semblait glacé. On aurait dit les glaces éternelles de Pluton. Bella ne manquait jamais de lui faire un clin d'œil et de lui dire bonjour. Elle savait bien que les gens les plus timides sont également parmi les plus sensibles.

Juste en face, il y avait Eva et Jade, deux adolescentes d'apparence plutôt nébuleuse. Elles semblaient solitaires et distantes par rapport aux autres enfants de l'étage. Pourtant, leur beauté était indubitable. On aurait dit Neptune et Uranus en personne. Chaque matin, Bella faisait un long détour pour leur dire bonjour. Eva et Jade lui souriaient de tout cœur. Bella savait que les gens les plus beaux sont souvent les plus seuls, car personne n'ose leur parler.

Dans la chambre faisant face au bureau des infirmières, il y avait deux petits garçons : Félix et Joshua. Ils avaient respectivement neuf et dix ans. Ils étaient toujours ensemble, comme deux frères. Bella les trouvait sympathiques, car ils avaient tous deux un cœur immense. Ils partageaient tout avec les autres enfants de l'étage : leurs jouets, leurs histoires et leur bonne humeur. Ils rassemblaient les enfants lorsque c'était l'anniversaire de l'un d'entre eux. Ils étaient au centre de tout, et tout gravitait autour d'eux. Un peu comme des satellites autour d'une planète. On aurait dit Saturne et Jupiter tant ils étaient importants aux yeux de tous.

À deux portes de la chambre de Bella, il y avait Zion, un petit garçon d'origine africaine, âgé de six ans. Il portait au front une marque en forme d'éclair. Zion passait ses journées à grogner et à rugir, surtout quand les infirmières venaient lui faire prendre ses médicaments. En raison de son caractère bouillant et fougueux, il ressemblait à cette petite planète volcanique du nom de Mercure. Bella aimait Zion, car elle croyait fermement que la beauté du monde résidait dans les petites choses.

De l'autre côté du corridor, il y avait Maia, une fillette de huit ans. Cette petite luttait contre la maladie depuis déjà cinq ans. Malgré sa leucémie avancée, elle continuait de combattre pour chaque instant de vie. Elle cherchait à se défaire du mal. Elle vivait pour déjouer le temps. Bellatrix aimait Maia, car elle lui rappelait une battante, une guerrière. Elle était la planète de la guerre. C'était Mars sur la Terre.

Dans la chambre voisine de la sienne, il y avait Marion, dix ans et toutes ses dents. Marion était de loin l'enfant la plus confuse de l'étage. Ni joyeuse ni triste. Ni rêveuse ni réaliste. Elle semblait déjà vivre dans une autre dimension. C'était ce qui fascinait tant Bellatrix : son mystère. Elle savait que, un peu comme l'Univers, toute grande chose est remplie de mystère.

Le seul trait de personnalité qui était clair en elle était le bleu de ses yeux. Un bleu similaire à celui de la planète Terre, mais nuancé. Bellatrix était sûre de l'avoir déjà aperçue quelque part. En y réfléchissant bien, elle se souvint. Lorsqu'elle avait quitté la constellation d'Orion pour traverser l'Univers et venir sur la Terre, elle avait croisé de nombreuses planètes. À son arrivée dans le système solaire, elle avait confondu la Terre avec une autre planète qui se trouvait tout près. Cette planète était de la même taille et de la même couleur que la Terre. À cette exception près que son bleu semblait un peu flou, comme brouillé par des gaz inconnus. Cette planète s'appelait Vénus. Les yeux de Marion ressemblaient au bleu de Vénus.

Enfin, il y avait Noémie, la compagne de chambre de Bella. Noémie avait un an de plus qu'elle. Arborant fièrement une multitude de fines tresses blondes sur toute sa tête, Noémie était flamboyante. Cette jeune fille souriait constamment, et par un seul sourire elle réussissait à illuminer l'étage. Bellatrix l'aimait, car elle lui faisait penser à une toute petite étoile qu'elle avait croisée avant d'atterrir sur la Terre. Cette toute petite étoile portait le nom de Soleil.

Sur un seul et même étage d'hôpital, Bella voyait donc tout un système solaire s'activer autour d'elle. Chaque nouvelle journée, elle observait un microcosme évoluer et se transformer. Malgré des contrastes allant des plus manifestes aux plus subtils, une chose unissait néanmoins tous ces enfants : l'amour de la vie. Même s'ils devaient subir des traitements pénibles et d'interminables tests, quelque chose en eux voulait continuer à exister, à briller.

Chaque matin, une infirmière venait chercher Bella pour l'emmener recevoir ses traitements de chimiothérapie. En parcourant l'étage, Bella semblait traverser le système solaire. Et quand le mal devenait trop lourd à porter, elle s'accrochait à cette vision fantaisiste. Elle sillonnait une partie de l'Univers – elle voyageait même en étant malade.

Évidemment, au fur et à mesure que les jours passaient, l'état de santé des enfants changeait. Certains allaient mieux. D'autres devenaient plus faibles. Un peu comme chaque planète qui évolue selon sa trajectoire ou sa rotation. Certaines planètes deviennent plus froides ou plus chaudes par moments, selon leur position. Ici, le positionnement ne se faisait pas par rapport à un axe de rotation ou à une trajectoire, mais bien par rapport à la vie. C'est elle, et elle seule, qui décidait de tout.

La formation d'un nuage interstellaire

La vie d'une étoile débute véritablement lorsque le nuage de poussières est perturbé par une force gravitationnelle externe. Les poussières d'étoile deviennent alors un amas ou une boule de gaz qu'on appelle un « nuage interstellaire ». Cet amas de gaz deviendra à son tour une étoile.

À la fin du deuxième mois suivant son diagnostic et le début de ses traitements, Bella avait perdu énormément de poids. Sa peau devenait de plus en plus blanche, et son souffle, de plus en plus court. Médecins et infirmières multipliaient les soins et les médicaments comme des olympiens lancés dans une course contre la montre. Marie et Philippe priaient de plus en plus souvent. Thomas et Léo étaient de plus en plus bouleversés. Et même Maika n'arrivait plus à cacher son chagrin à Bella. Cependant, des choses inexplicables commençaient à se manifester.

D'abord, le docteur Lapalme avait noté que Bella affichait des taux de fièvre nettement supérieurs à tous ceux qu'il avait vus dans sa carrière de médecin. Des taux dépassant les 60 degrés Celsius. Alors qu'une fièvre de 40 degrés est habituellement considérée comme très élevée et constitue un risque pouvant causer la mort, le fait que Bella puisse soutenir une fièvre de 60 degrés tout en restant consciente relevait du mystère.

Au début, le docteur Lapalme s'était dit que ce devait être une erreur. Il s'était mis à tester tous les instruments médicaux à sa disposition, mais en vain. Chaque fois, 60 degrés s'affichaient. Le médecin en resta incrédule. Puis, un beau matin, la fièvre monta à 100 degrés Celsius. Le front de Bella était si chaud que le docteur s'en brûla les mains, la fièvre si forte que, même en plein hiver, la température de la chambre était montée à plus de 35 degrés Celsius. Il y faisait aussi chaud que lors de la plus chaude des journées d'été. On aurait cru être assis face au Soleil lui-même. On avait beau appliquer des compresses d'eau froide ou de la glace, la température de Bella ne baissait pas. Le docteur Lapalme répétait qu'il était impossible qu'un enfant dégage tant de chaleur.

Tout parent sait bien qu'il n'en est rien. Un enfant, par un seul baiser, ou même sa seule présence, peut réchauffer le cœur de ses parents, même dans les moments les plus difficiles ou les plus froids. Mais cette chaleur n'est ni mesurable ni quantifiable. Elle ne peut être chiffrée avec un thermomètre. Elle n'est perceptible que par un sixième sens, qu'on appelle le cœur.

Or, la chaleur de Bella, elle, était clairement quantifiable. Elle pouvait être mesurée même par le plus rigoureux et incrédule des scientifiques. On aurait dit la chaleur d'un brasier. Cela semblait irréel. Un être humain ne pouvait atteindre et maintenir une telle chaleur tout en restant conscient.

Un autre phénomène des plus étranges survenait à la tombée de la nuit. Le couvre-feu de l'hôpital était fixé à 21 h 30. Les infirmières allaient de chambre en chambre pour éteindre les lumières. Du coup, toutes les chambres sombraient dans le noir. Toutes, sauf une. Celle de Bella. Un soir, s'apprêtant à rentrer chez lui, le docteur Lapalme vit, depuis le stationnement de l'hôpital, que la lumière de la chambre de Bella était encore allumée. Il était pourtant 22 h 34.

Quelque chose d'anormal devait s'être produit, car il était plus d'une heure après le couvre-feu. Il décida de rebrousser chemin et d'aller voir pourquoi cette lumière était allumée. Bella avait peut-être besoin de soins. Quelle ne fut pas sa stupéfaction lorsque, arrivé dans la chambre de sa patiente, il la vit sommeiller paisiblement dans son lit, baignant en pleine lumière ! Il regarda l'interrupteur et l'ampoule pour s'assurer que la lumière de la chambre était éteinte, ce qui était bel et bien le cas. Pourtant, la chambre demeurait lumineuse comme en plein jour.

Le docteur n'en crut pas ses yeux. « Non mais, je rêve ! » s'exclama-t-il, abasourdi. La lumière semblait émaner du visage de Bella. « C'est impossible, se disait le médecin, cherchant une explication rationnelle. Un enfant ne dégage pas de lumière. » Mais il se trompait là-dessus aussi. Tout parent est convaincu du contraire. Un enfant, par un seul sourire ou un seul regard, peut illuminer le regard de ses parents, même dans les moments les plus confus ou les plus sombres. Bien sûr, cette lumière n'est pas forcément visible pour des yeux de scientifiques. Elle n'est ni mesurable ni quantifiable. La lumière d'un enfant ne peut être vue que par des yeux sensibles. Les yeux du cœur.

La différence entre la lumière d'un enfant et celle que projetait Bella est que cette dernière pouvait être vue par les yeux de tous. Elle pouvait être mesurée par le regard le plus sceptique, le plus rationnel et même le plus rigoureux. Le docteur Lapalme en conclut tout de même que cela était impossible en ce bas monde. Il ne pouvait pas comprendre que Bella ne venait pas de la Terre. Qu'elle venait d'un monde inconnu. Tous ces symptômes mystérieux n'étaient en fait que sa façon à elle de se préparer doucement à retourner dans son monde.

Plus étrange encore, la chaleur de Bella était devenue tellement intense qu'on avait de plus en plus de difficulté à lui administrer ses traitements. Une des techniciennes responsables de sa chimiothérapie avait vu l'appareil surchauffer littéralement au toucher de Bella. Plus tôt dans la même semaine, le responsable de la radiothérapie avait été témoin d'un phénomène similaire. Voulant donner sa radiothérapie à Bella, il avait vu la machine sursauter et se détraquer, après quoi une partie de l'hôpital était même tombée en panne d'électricité. Dans les deux cas, les employés en avaient conclu que l'incident était isolé. Il était assurément causé par un problème de fusible.

D'autres jours passèrent. Bien que dépassé par les symptômes extrêmes entourant la maladie de la jeune fille, le docteur Lapalme refusait de se résigner à l'idée que cette enfant était différente. Cela devenait de plus en plus évident, mais le médecin multipliait les tests et les traitements, résolu à trouver une explication scientifique à l'état de sa patiente.

Il avait investigué tous les cas d'enfants malades ayant des symptômes semblables à ceux de Bella. Ayant lu et relu tous les articles scientifiques publiés au cours des cinquante années précédentes, il n'avait rien trouvé. Puis un jour, en feuilletant un exemplaire du *New York Journal of Medicine*, à sa grande surprise, il trouva un cas similaire datant de près de trente ans.

Dans un hôpital new-yorkais, une petite fille de onze ans avait été hospitalisée pour cause de leucémie en phase avancée. Elle avait démontré des symptômes similaires – fièvre extrême, luminescence excessive du visage, chaleur si intense qu'elle pouvait faire fondre des appareils médicaux... L'article ne disait toutefois pas comment l'histoire de cette enfant s'était terminée. Tout ce qu'on pouvait lire, c'était que la fillette en question portait un étrange prénom. Elle s'appelait Bételgeuse.

La fusion thermonucléaire

La fusion thermonucléaire est un processus grâce auquel une étoile assure sa survie en générant une grande quantité d'énergie. L'énergie est irradiée vers l'extérieur.

Désormais, Bella ne recevait plus, ou presque plus de traitements. Son état de santé s'était grandement détérioré. Elle était devenue aussi blanche que neige. Les deux seules choses qui demeuraient stables étaient sa température extrême et sa luminescence.

Sa mère entendait souvent le docteur Lapalme et les infirmières marmonner ici et là au sujet de l'état de santé de Bella. Elle avait demandé à plusieurs reprises au médecin ce qu'il se passait. Ce dernier lui répondait que le cas de Bella était complexe et qu'on faisait l'impossible pour la soigner.

Un jour, Philippe s'impatienta. Il demanda à voir le médecin et l'interrogea sans détour :

— Docteur, il y a déjà plus de deux mois que Bella est ici et son état empire au lieu de s'améliorer. Soyez franc avec nous. Nous voulons savoir ce qu'il en est.

— En vérité, Philippe, nous ne savons pas. L'état de votre fille est du jamais vu. D'un côté, elle montre des symptômes typiques de la leucémie. D'un autre côté, elle présente des traits atypiques comme sa température démesurément élevée et cette luminescence prononcée du corps et du visage. Ce sont des symptômes inhabituels. De plus, les traitements de radiologie ou de chimiothérapie ne peuvent plus être administrés à votre fille.

— Vous voulez dire que son corps ne les tolère plus ?

— Non, pas tout à fait. C'est plus compliqué. Je sais que ça peut paraître irréel mais, au contact de Bella, les appareils causent des courts-circuits.

— Ce n'est pas tellement le moment de plaisanter.

— Non, je suis sérieux. C'est la faute de sa trop haute température.

Incrédule, Philippe s'assit et demeura silencieux plusieurs minutes. Il était encore plus confus qu'avant d'avoir parlé au docteur Lapalme.

Après un moment de silence, Philippe prit son courage à deux mains et alla voir Marie pour lui rapporter ce que le médecin lui avait expliqué. Il redoutait sa réaction, mais à sa grande surprise, une fois qu'il eut terminé, il vit Marie esquisser un sourire.

— Une incandescence du corps et du visage ! s'exclama-t-elle.

Philippe resta perplexe devant la joie soudaine de sa femme. Il crut même pendant un instant que son sourire masquait une crise de nerfs imminente.

— Une température atypique, ajouta-t-elle, une larme de joie coulant sur sa joue droite.

Aux portes des étoiles

Vers la fin de sa fusion, la température de l'étoile atteint 10 millions de degrés Celsius. L'astre génère une énorme quantité d'énergie. Celle-ci servira à lutter contre la gravité, l'empêchant de s'effondrer sur lui-même.

Bella n'avait pas parlé depuis plusieurs jours. Ses symptômes atypiques continuaient de s'accentuer et devenaient de plus en plus dérangeants pour les autres patients de l'étage. Sa chaleur corporelle continuait de monter et était devenue si intense qu'on avait dû déménager sa compagne de chambre, Noémie, ainsi que Zion et Marion, qui dormaient dans les deux chambres voisines. Marie passait ses journées et ses nuits à appliquer des compresses d'eau froide sur le front de Bella. Bien qu'on fût en plein hiver, elle n'était que très légèrement vêtue.

Étrangement, un soir, avant de s'endormir, Bella ouvrit la bouche pour la première fois depuis longtemps. Elle demanda péniblement à sa mère de s'asseoir près d'elle sur le lit.

— Maman, je veux te dire merci pour tout ce que tu as fait pour moi.

Marie la regardait, bouleversée.

— Maman, tu m'as appris la chose la plus importante dans cet Univers, tu m'as appris à aimer. Et pour cela je te serai éternellement reconnaissante.

— Moi aussi, je t'aime, Bella, dit Marie en serrant de toutes ses forces la main brûlante de sa fille.

— Grâce à toi, maman, j'ai pu toucher à ce dont toutes les étoiles rêvent, mais dont elles sont incapables – l'amour.

— Mais pourquoi me dis-tu tout cela, ma fille ?

— Écoute-moi bien. Cette nuit, je partirai retrouver ma place dans le ciel parmi mes sœurs les étoiles. Mais sache que, quoi qu'il arrive sur la Terre, je continuerai de là-haut à briller pour toi et à t'aimer.

En entendant ce que cette enfant de treize ans lui disait, Marie ne put s'empêcher de commencer à pleurer. Malgré le corps brûlant de Bella, elle la prit dans ses bras et la serra longuement.

Ce soir-là, Marie était si fatiguée qu'elle accepta pour la première fois depuis des semaines de rentrer à la maison et de dormir dans son lit. Philippe lui promit de la ramener auprès de Bella dès le lever du jour.

La grande luminosité

La luminosité représente la quantité totale d'énergie irradiée par une étoile. Elle dépend non seulement de la taille de l'étoile, mais également de sa température. Ainsi, une étoile plus petite mais de température élevée peut avoir une très grande luminosité.

La nuit enveloppait silencieusement la ville ainsi que l'hôpital. Tous les enfants dormaient paisiblement. Les trois infirmières de garde avaient depuis longtemps terminé leur ronde. Tout semblait normal.

Soudain, une lumière bleue très puissante envahit tout l'étage où Bella était hospitalisée. Un bleu vif et éblouissant. Aussi magnifique que le bleu de la mer par une journée d'été ensoleillée. Inquiètes, les trois infirmières se dirigèrent vers la source de cette explosion de lumière, mais elles furent aussitôt aveuglées. Le rayonnement qui émanait de la chambre de Bella était si puissant qu'il ne pouvait être toléré par l'œil humain.

L'une des infirmières tenta de décrocher le téléphone pour appeler à l'aide, mais la ligne était coupée. Puis, au bout d'un moment, c'est l'électricité de tout l'hôpital qui fut court-circuitée. Pourtant, malgré cette panne généralisée, l'étage demeurait éclairé par cette lueur bleue éclatante. C'était invraisemblable. À un point tel que les trois infirmières se mirent à trembler de peur. Elles se disaient que c'était impossible, qu'elles devaient halluciner.

Finalement, tout s'intensifia. Le bleu ambiant devenait de plus en plus intolérable pour les infirmières. Elles devaient se mettre les mains devant les yeux tellement la lumière était forte.

À l'entrée de l'hôpital, plusieurs gardiens de sécurité tentaient d'appeler des secours pour signaler les différentes pannes, mais leurs émetteurs ne fonctionnaient plus. À l'extérieur de l'hôpital, des ambulanciers, ne recevant plus de réponses des préposés de l'urgence, avaient décidé de dépêcher des voitures de patrouille pour aller voir ce qui se passait.

Soudain, sans avertissement, une puissante explosion d'énergie propulsa la lumière bleue à travers tout l'hôpital. On eût dit une immense radiation stellaire. La lumière se propagea dans chacune des chambres pendant quelques secondes. Puis, en un instant, tout s'éteignit et redevint noir. L'hôpital retrouva l'obscurité de la nuit. L'électricité, la ligne téléphonique ainsi que la communication radio étaient toujours en panne, mais le reste semblait être revenu à la normale. Sauf une chose.

Le réveil d'une supergéante

Une supergéante est une étoile dont la masse est supérieure à huit masses solaires. Elle peut atteindre des températures de l'ordre de 600 millions de degrés Celsius. C'est la plus grande des étoiles dans l'Univers.

Vers 7 heures du matin, alors que le jour commençait à se lever, Marie arriva à l'hôpital, mais Bella n'était plus là. Paniquée, elle appela les infirmières à l'aide. L'avait-on emmenée en salle de test ou, pire, au bloc opératoire? Personne dans l'hôpital ne savait où était passée l'enfant. Elle avait tout simplement disparu. Incrédule, Marie manifesta sa colère aux infirmières. Comment pouvait-on perdre une adolescente de treize ans? C'était impensable!

Appelé d'urgence chez lui, le docteur Lapalme avait pris connaissance de ce qui s'était produit durant la nuit – la puissante lumière bleue, les pannes généralisées dans l'hôpital, l'explosion de radiations. En roulant vers l'hôpital, il eut le pressentiment que tout cela était rattaché au cas de Bella, mais il ne voulait pas y croire. Ces histoires d'enfants étoiles, de lumière, de chaleur surnaturelle continuaient de le troubler et le laissaient confus.

Il était 8 heures lorsqu'il arriva. Immédiatement, il se dirigea vers la chambre de Bella. Marie pleurait désespérément dans les bras de Philippe, qui n'arrivait pas à se consoler non plus. Tous deux avaient le visage couvert de larmes.

— Où est ma fille? Je veux qu'on retrouve ma fille, répétait Marie.

En voyant le docteur Lapalme arriver, elle fonça droit sur lui.

— Docteur, où est ma fille ? Vous devez la retrouver. Immédiatement.

Le médecin prit à son tour Marie dans ses bras.

— Marie, nous allons la retrouver.

Aussitôt, il appela les trois infirmières de nuit, qui étaient toujours de garde. Elles lui dirent qu'il y avait déjà plus d'une heure qu'on cherchait Bella. On avait regardé partout et personne ne l'avait vue. Même à l'entrée, les gardiens de sécurité de l'hôpital n'avaient vu personne entrer ni sortir de toute la nuit.

— Mais où a-t-elle bien pu se cacher ? Elle ne s'est tout de même pas envolée dans le ciel, dit-il, profondément troublé.

Entendant les paroles du médecin, Marie cessa de pleurer et le regarda. Elle se mit à penser à ce que Bella lui avait dit la veille. « Cette nuit, je partirai retrouver ma place dans le ciel parmi mes sœurs les étoiles. Mais sache que, quoi qu'il arrive sur la Terre, je continuerai de là-haut à briller pour toi et à t'aimer. » Non, c'était invraisemblable. Marie demeura immobile, fixant le vide pendant quelques secondes.

— Il y a autre chose d'étrange, docteur. J'ai remarqué un taux plus élevé de globules rouges dans le sang de Noémie, de Marion, de Maia et de plusieurs autres enfants de ma section, déclara la première infirmière.

— Moi aussi. Zion, Félix et Joshua ainsi que tous les autres enfants à qui j'ai fait des prélèvements sanguins montrent une augmentation de globules rouges. Je n'avais pas osé en parler, étant donné la disparition de Bella, mais j'ai trouvé cela étrange, ajouta la deuxième infirmière.

— Et vous ? interrogea le docteur Lapalme en regardant la troisième infirmière.

— Moi aussi, docteur. Bianca, Eva, Jade et tous les autres enfants de ma section affichent tous une augmentation de leur taux de globules rouges.

— Mais qu'est-ce que tout cela peut bien vouloir dire ?

— Et si tout ça était dû aux événements de cette nuit ? Vous savez, la lumière bleue et l'explosion qui ressemblait à une forte radiation...

— Ne soyez pas ridicule. Prévenez tout l'hôpital. Que chaque médecin, chaque technicien et chaque infirmière fasse des tests sur tous les patients. Il y a assurément une explication logique derrière tout ça et nous allons la trouver.

Plusieurs jours plus tard, Bella demeurait introuvable. Ses parents et ses proches durent se résigner. Elle ne reviendrait pas. Malgré la tristesse de cette nouvelle, sa mère demeurait sereine, presque en paix avec elle-même. C'était comme si Bella n'était pas morte, dans l'esprit de Marie. Comme sa fille le lui avait dit, elle avait simplement regagné sa place parmi les étoiles.

Elle refusa dès lors de porter plainte contre l'hôpital. Elle ne blâmait aucunement le docteur Lapalme, les infirmières ou les autres membres du personnel pour la disparition de sa fille. Ils avaient tous fait leur possible. La disparition de Bella n'avait rien à voir avec eux. Sa destinée était tracée dans le ciel depuis longtemps.

L'unique chose qu'elle demanda, c'était qu'on se rassemble à la mémoire de Bella dans la salle de jeu de l'hôpital. Tous y étaient – Marie, Philippe, Maika, Thomas et Léo, tous les enfants de l'étage, Noémie, Bianca, Maia, Marion, Zion, Joshua, Félix, Eva, Jade, le docteur Lapalme ainsi que les infirmières qui s'étaient occupées d'elle. La salle était remplie de fleurs et, tous ensemble, ils récitèrent une prière à la mémoire de Bella. Marie avait enseigné à sa fille que prier, c'était se souvenir des disparus, les célébrer, les rappeler à sa mémoire. Bella resterait à jamais dans leur cœur et dans leur vie.

Les tests commandés par le docteur Lapalme révélèrent que tous les enfants de l'hôpital sans exception semblaient guérir à une vitesse folle. Interpellés par cet événement des plus surréalistes, les spécialistes des quatre coins de la planète vinrent à leur tour faire passer des tests aux enfants de l'hôpital. Tous les examens corroborèrent les premiers résultats. Les enfants allaient mieux de jour en jour.

Les leucémies, les cancers, les insuffisances rénales ou cardiaques, les maladies pulmonaires, tous disparaissaient comme par magie depuis cette nuit où Bella avait disparu. Peu à peu, les enfants retrouvaient leurs forces. On diminuait leurs traitements de chimiothérapie. Leurs cheveux recommençaient à pousser. Ils guérissaient. Ce phénomène relevait du miracle.

La nouvelle sur l'hôpital miraculeux ne tarda pas à faire le tour de la planète. CNN, BBC News, ABC, NBC, CBS, FOX, CBC, TV5 et tous les autres médias d'information se disputaient la nouvelle. On interviewait sans relâche le docteur Lapalme, qui restait interloqué par ces guérisons miracles. Bien que stupéfait, il n'en était pas moins heureux. Il aimait chacun de ces enfants malades autant que ses propres enfants. Il aurait tout sacrifié pour les voir guérir, même sa précieuse logique scientifique.

Lors d'une entrevue accordée à la BBC, une chaîne de télé britannique, la journaliste lui demanda :

— Docteur, pouvez-vous expliquer scientifiquement à notre auditoire ce qui s'est produit dans votre hôpital ?

— Je me le demande encore moi-même.

— Vous voulez dire que vous ne le savez pas ?

— Oui. Enfin non. Enfin... Il semble que tout cela a été causé par une explosion.

— Une explosion ?

— Une explosion, oui. Suivie d'une puissante lumière bleue.

— Une lumière bleue ?

— Oui ! Une lumière bleue qui provenait de la chambre d'un des enfants hospitalisés.

— Croyez-vous que tous les enfants de l'hôpital ont pu commencer à guérir à cause d'une simple explosion et d'une lumière bleue ?

— Honnêtement, je ne comprends pas ce qui s'est produit.

— Vous ne comprenez pas ?

— Non. Tout cela relève probablement du miracle.

— Vous, un médecin, un scientifique, vous croyez aux miracles ? demanda-t-elle avec ironie.

— Tout médecin sait que la vie est remplie de petits miracles. Je crois en la vie. Et maintenant, je crois aussi aux étoiles, dit-il en souriant.

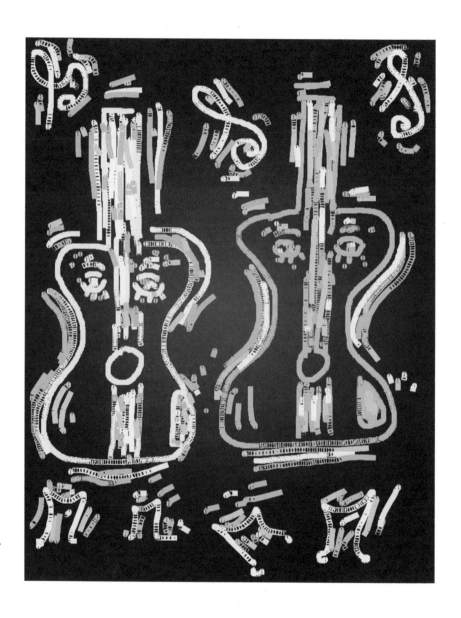

Guitares vivantes 2

*

Ta vie, c'est toi
qui l'inventes

Toi qui la vis,
toi qui la penses.

Ta vie, c'est toi
qui la crées

Toi qui l'écris,
toi qui la chantes.

*

Un amour stellaire

Du haut du ciel, à des millions de kilomètres de la Terre, Bellatrix regardait tout ce qui se passait sur terre avec amusement. Il y avait déjà plusieurs jours qu'elle avait regagné sa place auprès de ses six sœurs, Bételgeuse, Rigel, Saïph, Mintaka, Alnilam et Alnitak. Toutes les sept formaient de nouveau la constellation d'Orion. Bien que sa vie sur terre ait duré treize années, il ne s'était passé que quelques jours en années-lumière. Personne, pas même les astronomes les plus assidus, ne s'était aperçu de son absence. On avait simplement expliqué son absence dans le ciel par un nombre élevé de nuages, un phénomène qui survient fréquemment selon la saison et la température.

Pourtant, en si peu de temps, Bellatrix avait tant appris. En plus des nombreux amis qu'elle s'était faits, Maika, Thomas, Léo, Noémie et tous les autres, elle avait appris à ressentir les choses. Elle avait connu le sentiment le plus humain et le plus fort qui soit : l'amour. Contrairement à la majorité des étoiles dans le ciel, elle connaissait ce qu'il y a de plus lumineux en cet Univers : l'amour.

Un soir de pleine lune, deux des sept sœurs rayonnant dans le firmament se mirent à discuter.

— Alors, tu l'as trouvé ? demanda Bételgeuse.

— Quoi donc ? répondit Bellatrix en souriant.

— Ce que tu es allée chercher sur la Terre. Ce sentiment puissant qu'est l'amour.

— Oh oui, grande sœur, et même plusieurs fois.

Elle repensa à la première fois qu'elle avait dit « maman » et au regard de Marie, plein de fierté et de tendresse. Elle se rappela son premier baiser avec Thomas, à tous les papillons qui voletaient dans son estomac. Elle songea à toutes ces soirées passées à l'hôpital avec son père et sa mère. À tous ses proches qui veillaient sur elle sans relâche, priant pour qu'elle guérisse. Elle revit les larmes de Marie, le soir où elle lui avait dit adieu.

La Terre était toute petite. Pourtant l'amour, lui, était si grand ! Aussi grand que l'Univers.

— Tu connais donc l'amour, petite sœur.

— Oh oui, grande sœur, je connais bel et bien l'amour.

— Il est magnifique, n'est-ce pas ?

— Magnifique oui. Je dirais même que l'amour est stellaire.

— Voilà une bien belle histoire, conclut Bételgeuse en fermant les yeux.

DÉBUT

Suivez les Éditions Libre Expression sur le Web :
www.edlibreexpression.com

*

Cet ouvrage a été composé en Archer Book 12/14,5
et achevé d'imprimer en janvier 2013 sur les presses
de Marquis imprimeur, Québec, Canada.